老人の取扱説明書

平松 類

SB新書
403

はじめに

老人の困った行動の数々、実は認知症や性格によるのではなく……

「老人ってキレやすいし、話が通じないし、他人の意見を取り入れないし、ボケてきたせいかよくわからない行動をするし、意地悪をしてくることがある……」。高齢者に対して、こんなイメージをお持ちではないでしょうか。

そして高齢者がこうなってしまう原因として、「認知症でボケてきたこと」「カタブツでガンコになっていること」「若者や社会に対してひがみがあること」——こんなふうに考えていると思います。

実はこれ、高齢者への偏見です。もちろん、中にはこういったことが関係することもありますが、実態は大きく違います。

では、高齢者の困った行動の原因となる真実は、いったい何なのでしょうか？　それは、**ボケや性格によるものというよりも、老化による体の変化だったのです。真実を知れば、どう解**

決するべきかもどう予防するべきかも、すでに医学的に説明がつくことで明らかになります。それなのに多くの人が、その対応を間違えて問題をこじらせてしまっているのです。

老人はなぜ赤信号でも平気で渡るのか？

一つ、例を出してみましょう。

高齢者は赤信号でも平気で渡ったり、信号が赤になっても平然と渡り続けたりすることが多くあります。大事故になりかねませんから、怖いですよね……。

そこで周りの人は、こう思うでしょう。「ボケちゃっているから、本当に困るよ」「車のほうが勝手に止まってくれるから平気だと思って、渡っているのでは？　自分勝手も甚だしい」

しかし多くの場合、実態は全く違います。老化による体の変化でやむを得ず起きてしまっていることなのです。その体の変化とは……、

- 瞼《まぶた》が下がってくるし、腰も曲がっているから、信号機がある上のほうがよく見えない
- 転びやすいので足元ばかり見て歩いている
- 日本の信号は高齢者が歩くスピードで渡り切れないようにつくられている

など、体の変化が原因になっているのです。性格やボケなどとは一切関係がありません。

この変化である「老化の正体」を知ることが、実はすごく重要なのです。知ってそれに対する対処・対応を間違えなければ、周囲は高齢者が困った行動を起こしてもイライラしなくなりますし、冷静に対処できます。高齢者自身は、思うように体が動かなかったり、周囲と上手にやりとりできなかったりすることに卑屈になることも減ります。

本書では、この「老化の正体」と、周囲がすべきこと、高齢者本人がすべきことを、医学的背景にそってわかりやすく具体的に示しました。つまり本書は、言い方は悪いですが端的に言ってしまえば「老人の取扱説明書」となるのです。理想論でなく、現実的で手軽にできる方法を紹介しています。

先の赤信号を渡ってしまう例でいいますと、解決策の一部として次のことが挙げられます。

高齢者本人がしたい解決策

- シルバーカーを使って歩行スピードを速める
- 瞼が下がらないように、目の簡単な運動をする（詳しくは本編で）

周囲がしたい解決策

- 家族が「横断歩道の白線と何もない部分の1セット」＝「1m」を1秒以内に歩けるかをチェックする
- 下を向いて車や信号を見ない高齢者がいる前提で運転をする

他にも
「同じ話を何度もする」

「急に『うるさい！』と怒鳴ってくる」

「せっかくつくった料理に、醬油《しょうゆ》やソースをドボドボとかける」

など、よくある高齢者の困った行動を取り上げていきます。

もちろん全部の困った行動に対して、真の原因となる「老化の正体」、周囲と高齢者本人がしたい解決策をしっかりと解説していきます。

解決策がかなりたくさん挙げられた項目もありますが、もちろん全部をしないといけないわけではありません。考えられる解決策をできるだけ多く挙げただけですから、できること、やってみたいと思ったことからはじめてください。

10万人以上の高齢者と接し、国内外の医学文献をあさってわかったこと

私は現役の眼科医です。眼科は多くの高齢者の診察をします。**10年以上にわたり、のべ10万人以上の高齢者と向き合ってきました。**私は眼科ではありますが、目のみならず耳・鼻・口・手・足など多くの場所の老化の実態をたくさん見てきたのです。

そして、どんな原因で高齢者の困ったことが起きているのかや、高齢者本人や周囲がどうすれば少しでも困ったことが解消できるのかを突き止めるために、**海外の最新論文・国内の詳細なデータや文献を読みあさってきました。**少しでも患者さんにお役に立てられればと思い、医師が患者さんにわかりやすく説明することを目指す「診察コミュニケーション」の研究もしていました。

以上を経て蓄積してきた**経験と知識を総動員して、この1冊にまとめました。**

これまで高齢者の本といえば認知症、高齢者の心理にとどまることがほとんどでしたが、**体の細部にここまで踏み込めたのは本書がはじめて**です。その結果、**知らないと損する現実的に使える具体的解決策をまとめました。**

かくいう私も「老化の正体」を知らない頃は、高齢の患者さんをよく怒らせていました。その都度、文献を読みあさって独学で学び、対処方法を考えて実行してきました。医学部や医療の現場では、医療の知識や技術は教えてくれますが、患者さんとの接し方は誰も教えてくれないからです。だからこそ、日本は冷たい医師が多いのですが……。

その甲斐あって、今では高齢の患者さんとうまく接することができるようになりました。

私の病院に高齢の母親とその娘さんが来た時の話です。患者は母親のほうなのですが、娘さんが「右目が見えにくいんだよね？」と、いくら話しかけても反応がありません。そこで私が本書で紹介するコツを使って話しかけると「そうなんですよ、ちょっと右目が見にくくなって歪んでね。ありがとう。そうやって話してくれるのは先生だけだよ」と言われました。私は高齢者の耳に関する「老化の正体」を知った上で、ベストな行動がとれただけなのです。詳細は本編で明らかにしますね。

この本は、主に次の3タイプの方々に向けて書かれています。

1人目は、高齢の家族を持つ方。誰に聞いても、テレビや本を見ても、高齢者に対しては

「広い心で優しく接しましょう」「話をしっかり聞いていればわかってくれる」というきれいごとだけです。しかも、そういう話を聞くと「なぜ私は優しく話を聞いてやれないのだろう」と自分を責めてしまいます。

「ただ話をしっかり聞いていれば伝わる」なんていうのは現場を経験していない人、科学的・医学的な背景を知らない人の意見です。あなたは悪くないのです。

そこには医学的な理由がちゃんとあるのです。医学的な理由をわかっていればイライラが減り、正しい手助けができるようになります。

2人目は、将来高齢になる不安を抱えている方やすでに高齢の方。自分は悪気がないのに、周りの人とギクシャクしてしまいます。一生懸命になればなるほど、すれ違うこともあります。本書で医学的なことを知っておけば、できることとできないことをあらかじめ把握できますし冷静になれますので、周囲に迷惑がかからない行動がとれ、自分に自信がなくなることが軽減されるはずです。

それと、「年寄りになったから、全部諦めるしかない」なんてことはありません。年を取っても、人間はすべてが衰えるわけではないからです。全部の音声が聞こえなくなるわけではないですし、あまり衰えない筋力もあります。そのあたりも本書で解説しています。

3人目は、高齢者とかかわる職業の方。医療や介護の業界が代表でしょうが、それだけではありません。営業職や接客業、商品開発の人も含め、社会人のほとんどの方が該当します。

特に営業・接客などの業種では「老化の正体」を知らずに話すと、「話し方が悪い」とクレームを受けてしまいます。でも「老化の正体」を知ることで高齢者に嬉《うれ》しい行動がとれるようになると、お客さんも増えます。また、商品開発の方にしても、高齢者に本当に役立つ机上の理論に終始しない商品が開発できるようになります。

以上の皆さまに、本書が少しでもお役に立てれば、著者としてこれに勝る幸せはございません。

では最初に、「なぜ高齢者は『都合の悪いことは聞こえないふりをする』のか?」。これから見ていきましょう。

平松類

目次

第1章 老人の困った行動3大ド定番

第2章 いじわる

第3章 周りが大迷惑

第4章 見ていて怖い、心配……

第1章

老人の困った行動 3大ド定番

老人のよくある困った行動【その１】

都合の悪いことは聞こえないふりをする。

Ａさんが正月に旦那の実家に帰った時のことです。嫁であるＡさんは当然のように、食事の準備や洗濯など家事全般を手伝わされていました。

Ａさんが食器洗いでてんやわんやしていると、離れた場所に洗い残しの茶碗《ちゃわん》がありました。茶碗の目の前には姑《しゅうとめ》がいて、お茶を飲んでゆっくりしています。Ａさんは手が濡《ぬ》れていて洗剤もついているので、ちょっとだけ取ってくれないかなと思い「すいません、そのお茶碗取っていただけます？」。姑からは、返事は一切ありません。

「聞こえないふりですか？　茶碗をちょっと持ってくるぐらいしてもいいでしょう」とイライラしていると、間髪入れずに旦那が姑に話しかけます。

旦那「母さん、水ようかんあるけど食べる？」

姑「あ、食べる」

笑顔で水ようかんをほうばる姑。びっくりです。どう考えてもAさんのほうが距離的に姑に近く、また声も大きく話したのに、姑は旦那の話だけを聞いたのです。

姑が嫁の話だけ聞かないのは、嫁の声に秘密が隠されていた

高齢者は相手の話を無視することがあります。なぜでしょう? 「自分のことを嫌っているから」「興味がないから」「ボーッとしているから」などと思いがちです。

ですが、「話を聞いていない」のではなくて「本当に話が聞こえない」人が多いのです。70代で半分近く、80代以上では70％以上が難聴であることがわかっています。[1] だから70代以上の人と話すと、ほとんどが「聞いていない」より「聞こえていません」。

「でも、私の父や母はテレビを観ているから大丈夫ですよ」と思う方も多いでしょう。確かに、難聴の人は聞こえにくいなりにテレビを観ることができます。

年を取って難聴になると、「ほとんど聞こえない」のではなくて「一部聞こえにくくなる」のです。高い音、特に若い女性の声が聞きにくくなります。だから、娘や嫁の会話だけ無視されることが多いのです。「テレビは観ているのに私の話は聞いてない。絶対、聞いていないふ

りをしている。ムカつく！」と怒る必要はないのです。

図１　年齢ごとの聴力低下の度合い

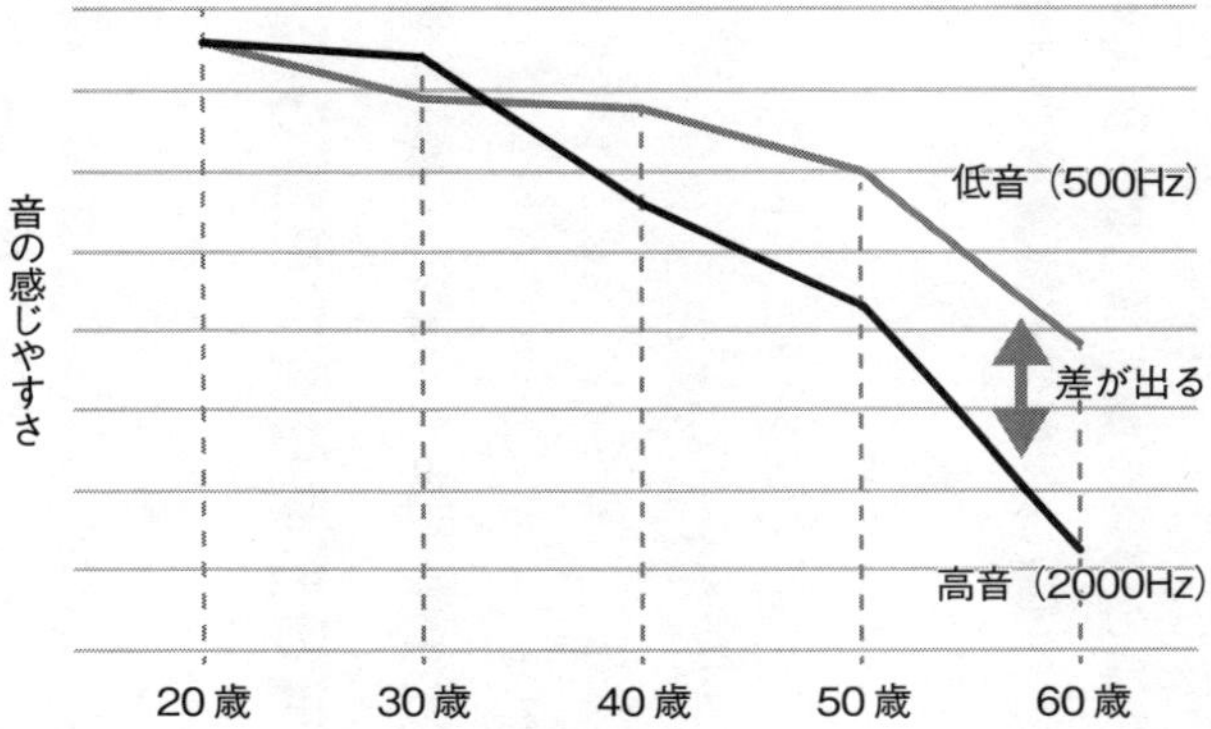

会話の音域、つまり人の声は５００〜２０００Hzの範囲内にあります。Hzはヘルツといって音の高さを示します。数字が大きいほど高い音、小さいほど低い音になります。50代までなど中年は、音域による聞こえの違いはありません。声が高かろうが低かろうが、同じ音量で聞こえます。

けれども60歳以上になると、低い音（５００Hz）と比べて高い音（２０００Hz）だと１・５倍以上の音量がないと聞こえません。[2] **若い女性の声は男性の１・５倍大きくないと聞こえない**のです（図１）。

だからあなたの声が聞こえない場合は、とても若くて高い声であるといえるのです。「無視された……、イラッとする！」と思わず、「私の声は若いのだ」と思えると、ちょっと気持ちがラクになりますよ。

低い声で、ゆっくり、正面から話すと伝わる

私自身も、病院の外来の現場でイライラして高齢者に当たる若い女性をよく見てきました。喧嘩《けんか》になることもあります。では、どのようにして会話をすればいいのでしょうか？

「薬を出しておきますから、３か月後に見せてくださいね」と私が診察を終えます。娘さんがお母さんに「お薬はまだあるの？」と聞きます。するとお母さんは「何？」と聞き返します。娘さんはイライラしてきて、もう一度大きい声を張り上げて言います。「お薬はまだあるの？」。強く言われても聞きにくい。困った顔のお母さん。

そこで看護師さんがお母さんに話しかけます。「お薬は、まだありますか？」。すると「ああ、まだありますけどちょっと心配だから目薬１本出してください」と答えてくれました。

やっぱり言ったことは聞いてもらいたい。そこで看護師さんのように伝わりやすくするにはどうすればいいのか？　**コツは三つです。「低い声で、ゆっくり、正面から」です。**

「なるべく低い声」で話すと伝わりやすくなります。低い声だけが聞こえるから、嫁の話は聞こえなくても息子の話が聞こえるわけです。また、奥さんの話より医者の話のほうが聞こえる、となります。私は声が低いほうなので、患者さんに話す時助かっています。

医療現場や介護の現場、一般の売り場などでも**高齢者とちゃんと接して話している人は、低い声で無意識に話しています。**なんでそうやって話しているの？　と聞くと「何となくこのほうが聞いてくれるから」と言うのです。声が低いほうが伝わりやすいことを知らない職員は、ただただ大きい声で話しかけます。当たり前ですが、高齢者はすごく嫌な顔をします。声は「量より質」です。

そして次に音をゆっくり、区切って話すことです。私も「早口だ」と時々言われますが、外来の場ではゆっくり話します。**「相手と同じスピードで話す」と意識するだけでも、ゆっくり話せます。**相手がゆっくり「おはよう、ございます」と言っているのに、「おはようございます今日は暑くて大変だから嫌になっちゃいますよね」とまくし立てると、聞こえません。「お薬はまだありますか？」と一気に話さず、「お薬」「ありますか？」と**区切って単語だけを伝えると、聞き取りやすくなります。日本語を片言で話す外国人のような感じで話すのです。**

ただ、この話し方を間違って使ってしまう人がいます。相手をバカにしているような、赤ちゃんをあやしているように話してしまう人がいます。あくまで、相手を敬った上で聞こえやすいように区切るということを忘れないでください。

できるだけ正面から、顔を見て話すことも効果的です。

あなたは相手と話している時、どこを見ているでしょうか？　景色や、相手の手元を見てしまうこともあるでしょう。一方で難聴の人は、聞き漏らすまいと非常に真剣に話を聞こうとしますので、相手の口を見ています。今度難聴の人がいたら、どこを見ているかを確認してみてください。

だからこそ難聴の人の横や後ろから話してしまうと、口の動きが伝わりません。マスクをしながら話してしまうと、声もこもるし口の動きも見えないので伝わりにくくなってしまいます。**マスクを外したほうがいいです。**

以上の方法でも聞き取りが困難な人に対しては、次の方法を試してください。
まっすぐ話しかけても聞き取りにくい高齢者には、**聞き取りやすそうな耳、補聴器が入っているる耳に直接話しかけると伝わりやすい**です。実際に、聞き取りやすそうな耳は、高齢者が無意識にあなたのほうに向けてくることもあります。

また、音声の高低と同様、聞き取りにくい音節もあります。母音「あいうえお」は聞き取りやすいです。子音は声が小さくなりやすく、聞き取りにくいです。子音の中でも「さ行（さしすせそ）」と「た行（たちつてと）」はだいぶ聞き取りにくくなります。赤穂浪士《あこうろうし》の「しじゅうしちし（四十七士）」は年末恒例のドラマですが、聞き取りにくいことは間違いありません。「赤穂浪士《あこうろうし》」「忠臣蔵《ちゅうしんぐら》」と言ったほうがいいのです。

このことを知っておくだけで、「さ行」「た行」を特に注意して話すことができます。「選手《せんしゅ》宣誓《せんせい》」「警察署長《けいさつしょちょう》」「戦《せん》意《い》喪失《そうしつ》」「著者《ちょしゃ》」「砂鉄《さてつ》」は言いにくく聞き取りにくいので注意しましょう。違う言葉に置き換えて話すのも一つの解決法です。

19時・20時のニュース番組を真似して話そう

難聴の人に伝わりやすい話し方として、とても参考になるのがテレビとラジオです。実際に私も多くのテレビやラジオに出させていただきましたが、視聴率・聴取率をよくするために、内容だけではなくて話す言葉、スピードにも気を使っています。

テレビでいうと、**19時・20時のニュースや情報の番組がお勧めです。言葉使いもそうですし、話すスピードも他の時間の番組よりゆっくりと注意しているようです。**私も出演した時に、「こんな遅くていいのかな?というくらいゆっくりと話してください」と言われました。かえって聞き取りにくくなるのでは?と思っていましたが、実際にはそんなことは全くなく、むしろ聞きやすいと高齢者に好評でした。

ラジオは高齢者に聞きやすい番組が多いです。ラジオになると声だけが頼りで、身振り手振りも伝えられないので、話すスピードは本当にゆっくりになるからでしょう。NHKの夜の番組やTBSの朝の番組に出させていただいた時、多くの高齢の患者さんから「先生の出ていたラジオ聞いたよ〜」という言葉をいただきました。

そして、言葉の使い方にも注意を払っています。**数字を入れる時は、なるべく連続して羅列しない**ようにと局のスタッフから言われました。また「発光《はっこう》」と言うと、耳で聞くと「発効《はっこう》」なのか「発行《はっこう》」なのか「発酵《はっこう》」なのかわかりにくいので、「光るもの」と**言い換えるように**と言われました。細部にわたりわかりやすくする注意をしているので、そういう視点で聞くと普段の生活でも役立ちます。

難聴を改善する！　1日5分でOKの超簡単トレーニング

では、あなたが難聴にならないためにはどうすればいいでしょうか？　ストレスや糖尿病・高血圧が、耳を悪くする原因です。これらは耳に限らず、万病の元ですが。

では、耳に特有なものは何かというと、普段の騒音です。**ヘッドホンをして大音量で聞くなどが耳を傷めます。**耳が聞こえにくくなり周りの迷惑にならないようにと、ヘッドホンを使って大音量でテレビを観ている高齢者もいます。でもそれは、**さらに難聴を進める原因になっている**のです。

具体的には、「最大音量の60％以内で1時間以内」と、WHO（世界保健機関）は推奨しています。[3]ただし、最大音量はメーカーによっても違いますから、60％でもダメな製品もあります。少しでも不快に思うような音であればより小さくして聞くほうがいいです。よりよく聞くには、雑音を消してくれる機能のついたヘッドホンやイヤホンを選びましょう。

工事現場など騒音が大きい場所での仕事が多い人は、騒音をきちんとコントロールできていません。[4] そのため年を取って難聴になりやすいです。自分の体は自分で守るしかないですから、**耳栓を持参**しておきましょう。

さらに耳をよくするには、聞くトレーニングというのがあります。8週間のトレーニングで、聞きやすさが2倍程度になることがわかっています。[5] **簡易的な方法としては、徐々にラジオやCDの音を小さくしていって、小さい音でも聞こえるようにするトレーニングがあります。**1日1回、5分ほどを毎日続けるだけなので、とても簡単ですよ。

なお、難聴になってしまった場合は、**聞き取りやすいほうの耳に手を当てると、さらに聞き取りやすくなる**ので、覚えておくといいです。

老化の正体【その1】

⬇全部の音声が聞こえにくくなるわけではない。
⬇高い音声、特に女性の声が聞こえにくい。

◎周りの人がしがちな間違い

・大声で何度も話しかける

◎周りの人がすべき正しい行動

・口の動きが伝わるように、マスクを外す
・声を低くして、ゆっくり話す
・正面から話す（それでもダメなら聞こえやすい耳に）
・聞き取りやすそうな耳、補聴器が入っている耳に向かって話す

- 高齢者と同じスピードで話す
- 単語ごとに区切って話す
- ラジオ番組のパーソナリティ、19時・20時のテレビのニュースのアナウンサーの話し方を真似する
- 数字を言う際は、なるべく連続して言わない
- 「発光」「発行」「発効」「発酵」など、同音異義語は別の言い方に変えてみる

◎自分がこうならないために

- ヘッドホンやイヤホンをなるべく使わない
- 音量は下げて聞く
- 騒音の多い場所にいることが多いのなら、耳栓をつける

◎自分がこうなったら

- 耳に手を当てて聞いてみる
- 徐々に音量を下げて、小さい音声でも聞こえるようになるトレーニングをする

※**◎周りの人がすべき正しい行動　◎自分がこうならないために　◎自分がこうなったら**にある各々の項目の中には、**◎周りの人がすべき正しい行動**と**◎自分がこうならないために**の両方に該当するなど複数にまたがるものもあります（以下同）。

以上でお伝えしました通り、高齢者の耳は聞き取りにくいはずです。でも高齢者は、「うるさい！」と怒鳴ることもあります。なぜ「うるさい！」となるのか？　そして、どう対処すればいいのでしょうか？　次の項は、これをテーマにします。

老人のよくある困った行動【その2】

突然、「うるさい！」と怒鳴る。でも、本人たちは大声で話す。

Ｂさんは保育士として働いています。保育園はそれほど大きくなく、大勢が走り回って遊べるスペースがないので、お昼前に公園に行って遊ぶのがいつもの日課です。子どもがどこかに行ってしまわないように注意しながら、５人の子どもを連れて公園にやってきました。公園では嬉しそうに子どもたちがはしゃぎます。毎日仕事も大変だけれども、この子どもたちの笑顔が見たくてＢさんは仕事を続けています。

そんな時に顎髭《あごひげ》を生やしたおじいさんがベンチに座りながら、貧乏ゆすりをしてイライラしているようです。危ない雰囲気を察して、子どもたちを近づけないようにします。すると「さっきからうるせえんだよ、バカ野郎！」と突然叫びはじめました。子どもたちはおびえて公園の隅に集まります。

怖くなって子どもたちを集めて、今日はすぐに帰ることにしました。明日もあの公園にあのおじいさんがいたらどうしよう……そう思いながら園に戻っていくのでした。

耳が悪いので、声が大きくなってしまう

高齢者は、電車の中など公共の場所でも大声で話します。朝一番の新幹線で皆が眠りについた静かな車両の中で「最近うちの周りで工事してて迷惑なのよ。税金使って無駄なことして困っちゃう」「全く静かに暮らしたいものよね」と話しています。「静かにしてほしいのは、むしろあなたたちのほうなのですが……」と言いたくなることも正直あります。

なぜ大声になってしまうかというと、耳が悪いからです。話しているほうも聞いているほうも耳が聞こえにくいので、大きな声を出しているということに気づいていません。普通の会話だと思っているのです。

まして高齢者で外出慣れしていないと、それだけで嬉しくなって大声で話してしまうのです。

外来現場でも、ついつい大声で話してしまう高齢者がいます。「ここに座るのか？」「歩くのも大変なんだよ」と大声で言うので、職員が怖がってしまいます。若い職員からすると「怒っている」と思っているようです。

でもそんなことないのです。実際は「あの若いのはしっかり検査して優しいね」と褒《ほ》めているぐらいですから。全く怒っていません。ただ楽しい会話をしたいのですが、**口調がぶっきらぼうで大声なので、損をしてしまっている**のです。

「年で性格が悪くなった」と思いがちですが、悪くなったのは性格ではなくて耳だったのです。

音は小さいと聞こえないし、大きいと不快になる……

また高齢者は大声になってしまうだけではなく、音を不快に感じやすくなります。子どもの声や犬の鳴き声は、あなたが感じるよりもはるかに不快に捉えてしまうのです。だからこそ保育園が新しく建つのに反対したり、小さな子の声がうるさいと言ったりする高齢者がいるのです。

「とんでもない人たちだ！　子どもは宝なのに」「やっぱり年寄りは気難しいよね」といろいろな意見がありますが、子どもの声は不快に思うということをわかっておくべきです。そうしないと、孫のことを「目に入れても痛くない」と言っているので安心してしまうからです。孫だからかわいいのは事実ではあるものの、孫といえども長時間も叫び声や泣き声を聞いていると、血のつながった高齢者でも突然怒鳴ることがあります。

高齢者の耳は高音域が聞きにくいにもかかわらず、リクルーメント現象といって、一定の音量を超えたとたんに急にうるさく感じてしまうのです。70歳以上では、うるさく感じる人が7割も増えることがわかっています。[1)2)] つまり、**高い音は小さいと聞こえず、大きいと突然耳鳴りのように痛いほどの音になる、**ということです。

不快な音というのはイメージがしにくいかもしれません。不快の種類としては違いますが、金属と金属をすり合わせた音や、黒板に爪を立てた音など「キーキー」という音を想像してください。

音全般が聞き取りにくくなることも、高音域で不快に思う現象も、難聴になるほど強く起きてしまいます。

子どもや動物の声などをうるさく感じてしまう高齢者がいる場合は、手間と費用がかかりますが防音が必要になります。防音壁の厚み（重み）を2倍にすると、音の発生源からの距離を2倍にしたのと同程度の効果があります。[3)]

工事まではという場合は、布など何らかの障壁を置くだけでも防音効果は強化できます。

マグネシウムを摂り、腹八分目の食事を

難聴を予防改善するには、まずは食事です。**マグネシウムが効果的**であることがわかっています。[4]

1日に日本人が摂取するマグネシウムの推奨されている量は、男性は320mg、女性は270mg。[5]ただ、一つの食材で必要量に達するのは難しいです。マグネシウムは海藻などに多く含まれ、100gあたりにあおさは3200mgもあります。ただし、味噌汁1杯あたりに入るあおさは4g程度ですから、マグネシウムは130mgぐらいです。ひじきは1回の食事で5gぐらい食べることを考えますと、マグネシウムは32mgとなります。マグネシウムは種子類にも多く含まれ、ココアなら1杯（6g）あたり73mg、アーモンドが10粒（110g）で31mgです。ココアを飲みながらアーモンドを食べるというように、複数を組み合わせるのが効率のよい接種方法となります。[6]ちなみに、マグネシウムを摂ることは便秘にも効果的ですので、特に女性には嬉しいでしょう。

その他の耳によい栄養素は、**ビタミンCやビタミンE**です。

腹八分目の食事にするというのも効果的です。[7]食べすぎないことで、耳の加齢変化を抑

えられるというのです。腹八分目は健康法としてよく知られたことですが、耳にだって影響が十分にあるわけです。

なお、**難聴であると、認知症になりやすいこともわかっています。**難聴の人は、そうでない人より6・8歳年齢を重ねたようだとも考えられています。[8]3年以内に要介護または死亡する確率が2～3倍になるという研究結果も出ています。[9]

なぜ、こんなことが起きてしまうのでしょうか？　人間の情報というのは目による視覚が一番だといいますが、耳から入ってくる情報も膨大だからです。

耳からの情報が遮断されてしまうと、どうしても周りとのコミュニケーションが少なくなり、スーパーでレジの人に話しかけられることだけでも億劫《おっくう》に感じてしまいます。テレビやラジオで何を言っているのかわからないという寂しい思いもします。

耳鼻科で書類をそろえて、補聴器を安く買おう

状態にもよりますが難聴になったとしても、**補聴器を使えば難聴でない人に近いレベルで聞こえるため、不自由がだいぶ減り認知症にもなりにくくなります。**[10]

けれども日本は海外に比べて、補聴器が普及していません。[11] 日本では難聴者の13・5％が使用していますが、イギリスでは42・４％、アメリカでは30・２％なので海外の半数以下程度です。これは非常にもったいないこと。日本ではそもそも補聴器を使うという発想になかなかならないことと、補聴器を使う時のサポート体制が少ないことが普及しない原因のようです。

また、メガネの場合はかけた瞬間によく見えるようになる一方で、補聴器は慣れるのにかなり時間がかかるため、補聴器は好かれにくいようです。多くの人がメガネと同じ感覚で補聴器を買ってしまうので、「せっかく買ったのに使い物にならない」となってしまいます。

ではどうやって補聴器に慣れればいいでしょうか？　一つは、**買った所でこまめにメンテナンス**することです。平均して5、６回は、補聴器は補正が必要だと思ってください。[12] 面倒くさいなと思うかもしれませんが、高いものですし使い倒したほうがお得です。

それと、補聴器を装着していきなり外で使わないこともすぐに慣れるコツです。まずは静かな部屋で、じっくりと音を聞くように使う。次に、一対一の会話の場面で使う。そして2～3人の会話でも慣れたら、戸外で使います。このようにステップを踏んでいけば、うまく使うことができます。

補聴器は確かに高額です。安くても数万円、高いと50万円ほどはします。そのため、購入を躊躇《ちゅうちょ》してしまいます。

でも、補聴器には自立支援法の補聴器というのがあります。**耳鼻科の先生に診てもらって一定の基準を満たし（障害6級以上）、書類をそろえれば1割の値段で購入することができる**というものです。とても重要ですが、補聴器に補助が出るという事実を知っている人は難聴者でも9％程度といわれているので、ぜひ周りの人に教えてあげてください。

最後に、周囲はどうすればいいでしょうか？　まず、**高齢者が大声を出しているからといって、怒っているとすぐに決めつけない**ことです。

また、子どもの声など高い音域が苦手であることも、頭に入れておきましょう。

老化の正体【その２】

⬇子どもの声など高音域は、一定音量以上だと非常に不快に感じる。

⬇耳が悪いので、大声になってしまう。

⬇難聴が認知症を加速させている。

◎周りの人がしがちな間違い

・年を取るとキレやすくなると思う

◎周りの人がすべき正しい行動

・怒っていると決めつけない

・高音域は思っているより不快に感じていると知る
・子どもをあまり長時間騒がせないようにする

◎自分がこうならないために

・食事は腹八分目にする
・マグネシウム、ビタミンC、ビタミンEを摂る

◎自分がこうなったら

・補聴器を買う。耳鼻科で書類をそろえれば、１割の値段で買うことも可能
・補聴器は、家の中で聞き取りやすい音声から使って、徐々に慣れるようにする
・補聴器は買った所でこまめにメンテナンスする

老人のよくある困った行動の大定番としては、「何度も同じ話をする」もあります。なぜ「何度も同じ話をするのか?」「周りの人たちは、どう対処すればいいのか?」。これが次項のテーマです。

老人のよくある困った行動【その3】

同じ話を何度もする。過去を美化して話すことも多い。

Cさんの父は、昔の話を何度もします。

Cさんの父「お前がチビだった頃はな、お父さんがデパートに連れて行ってやってな。そこで飴《あめ》を買ったんだよ。その飴がな」

Cさん「ハッカ味だったんでしょ？」

Cさんは何度も聞いているので、暗記してしまったぐらいです。周りに相談してみたりネットで調べてみても「否定してはいけない。何度も笑顔で話を聞く」と書いてありますが、どうしても耐えられません。

しかもCさんの父は、今のことは不満だらけで話すのに、昔のことはさもハッピーエンドのドラマのように素晴らしいと話します。「昔はよかった」というのが決まり文句です。

いい加減ウンザリしてきたので、Cさんは「何度も同じ話ばかりしないで!」と言いました。するとと父はシュンと落ち込み、ずっと不機嫌になってしまいました。これはこれで面倒になってしまいました。

記憶力が落ちているのなら、どうして同じ話を何度もできるのか?

高齢になると、何度も同じ話をします。なぜでしょうか?

高齢者は記憶力が落ちるからだと思うかもしれません。

ではなぜ、何回も同じ話、それも長い話ができるのでしょうか。**記憶力が落ちるのならば、同じ話自体できないはず**です。忘れてしまわず長い聞き飽きた話を何度もできるのは、考えてみるとおかしな話です。

高齢者の記憶の変化は、全体が落ちるのではありません。まずは、短期的な記憶が落ちます。

メガネをどこに置いたか忘れた、買い物に来たが買うものを忘れた、ということです。若くしても、早くに短期記憶が落ちる人もいます。あなたは大丈夫でしょうか?

ただし短期的な記憶とはいっても、超短期の記憶は保たれます。[1] 例えば「焼まんじゅう」

と言ってすぐに「焼まんじゅう」と復唱できる、「上毛《じょうもう》かるた」と言えば「上毛かるた」と言える。これは超短期的な記憶です。

忘れやすいのは、最近の記憶からとなります。一方で**長期的な記憶は、短期的な記憶に比べれば落ちるのは時間がかかります。**その中でも20歳前後の記憶が残りやすいとされています。②

だから、昨日の夕食の献立は忘れても、子どもの頃通った学校のことは覚えています。長期的な記憶のうちでも何度も使っていた記憶は、忘れにくいのです。ポストは赤いことや、息子の名前などがこれに当てはまります。

さらには、**体を使って何度も繰り返したことはより定着しています。**自転車の乗り方、仕事のやり方、泳ぎ方などです。

しかし、昔の思い出で体を使ったことといっても、1回しか行ったことのない旅先のことは忘れています。そうなると「家族で楽しんだ旅行のことは忘れているのに、会社のことは覚えているなんて……」ということになって、家族としてはショックを受けます。でもそれは、家族との旅行より仕事が大切だったということではありません。繰り返しやっていて記憶に定着しているだけなのです。

つまり、何度も話す内容は長期記憶だからしっかり覚えているが、つい最近話したという事実は短期記憶だから忘れる、というわけです。

老人が過去を美化するのは、価値観が古いからではない

かつてある病院の医師で、昔の話を語る人がいました。何度も同じ話をするので私も暗唱できるほどです。内容は具体的に書くと本人が本書を読むかもしれないのでここでは触れませんが、よく「で、その時どうなったと思う?」と言うのです。

私は返答に困りました。答えを言っては気を悪くします。けれども、知らないふりをして「何ですかね? わかりません」と言ったとしても、急に以前に私に話をしたことを思い出して「そういえば、この話前したよな。お前、さては知らないふりしたな」と言われても迷惑です。結局、「どうですかね」とあいまいに答えて話を聞いていました。30回は同じ話を聞きましたし、「で、その時どうなったと思う?」と毎回聞かれましたが、最後まで1回も同じ話をしているということには本人は気づきませんでした。

それと**昔話をする時、たいていは「自分はよく頑張った」「あの頃はいい時代だった」と、必要以上に美化されています。**なぜでしょうか？　これも記憶の不思議な一面ですよね。**過去の記憶は、嫌なことは消えて、いいことが残りやすい**のです。[3] 小学校の時は、授業や宿題が毎日のようにあり、先生や母親に怒られたはずですが、こういった記憶はほとんどない。でも、遠足や運動会など楽しいことは、鮮明に覚えているものです。

こうなってしまうのは、余命が関係するという説があります。人間は限られた生きている時間を少しでも満足させるために、無意識に肯定的に記憶をしています。また、健康への不安、友人や家族との別れなどのストレスにも対抗するためにも、肯定的に考えるのです。決して悪意があるわけではないのです。

ただし**最近起こったことは、これも不思議なことに嫌なことのほうが思い出されやすくなっています。結果として、「今は悪い」「昔はいい」と記憶が書き換えられるので、高齢者が過去を美化して今を否定する話をしたがる結果となってしまっています。**

周囲が怒ったところで、同じ話をしすぎたからだと思わない

忘れにくい記憶の方式「昔の記憶」「繰り返しの記憶」「体を動かした記憶」を使えば、年を重ねても十分に記憶が保てます。[4]

高齢者自身がこれを心がければ、大事なことをずっと覚えておく際に役立ちます。例えば、庭仕事をしながら繰り返し思い返すなどがいいです。

さらに、**短時間の昼寝も効果的**だといわれているので、時間帯が合えば、覚えた後にすぐに30分以内の短い昼寝をするのも一つです。

「繰り返しの記憶」「体を動かした記憶」が頭に残りやすいことを利用すれば、周囲は高齢者が同じ話を何度もするのを防ぐことが可能になる場合もあります。

例えば、昔行った戦争の話をする時、連続して1日に何度も話す高齢者はいません。今日話をしたら、翌日以降にもう一度話をします。これは、翌日には戦争の話をしたことを忘れるからです。そこで、「繰り返しの記憶」を利用します。1日に何回も連続して戦争の話をしてもらいましょう。そうすると「戦争の話をした」という記憶が定着しやすくなるからです。

「体を動かした記憶」にするためには、「戦争の話をした時は必ずドクダミ茶も飲んでもらう」などルールを決めるのもお勧めです。すると、「ドクダミ茶を飲む」という体を動かしたことも重なって、「戦争の話をした」という記憶がより定着します。

とはいえ、確信犯のように「青春時代を思い出して心地よいから、戦争の話は何度でもしちゃう」という高齢者もいます。こうなると、周囲はさすがにイライラします。私もそういう時はありました。

しかし、ここで「何度も同じ話をしないでよ！」と否定すると、高齢者は「否定された」という記憶しか残りません。つまり**「自分が何度も同じ話をしたから、あなたが怒った」ではなく、「理由はよくわからないけど、あなたが怒った」とインプットされてしまう**のです。感情は心に強く刻まれやすいからです。

ですから、否定するよりは席を外して心を落ち着けたり、５回ぐらいまでは我慢したりするなどと決めておくといいです。

それでもイライラしてしまうという気持ちは、すごくわかります。しかし、怒っても解決しないどころか、自体は悪化するということを覚えておきたいものです。

老化の正体【その3】

すべての記憶が同じようになくなるわけではない。

⇩

長期的な記憶は残りやすく、短期的な記憶は残りにくい。

⇩

繰り返したこと、体を動かしたことも記憶が続きやすい。

⇩

昔のことはよいことが、最近のことは悪いことが、頭に残りやすい。これが過去の美化につながっている。

◎周りの人がしがちな間違い

・「同じ話を何度もしないでよ！」と怒る

◎周りの人がすべき正しい行動

・お茶を飲むなど、ちょっとしたことをしてもらいつつ話してもらう

・こちらからいろんなことを伝える際は、少し伝えたらいったん間を設けて、その後に話していないことをまとめて伝える

・1日にあえて何度も話してもらって、話したことを覚えさせる

◎自分がこうならないために

・覚えておきたいことは、庭仕事などちょっとした体を動かすことをしながら繰り返し思い出す

◎自分がこうなったら

・覚えたら30分以内の昼寝をとる

ところで、同じ話をしなくなっても、気の滅入る話をしてくる人がいます。なぜでしょうか？　これが第2章の最初のテーマ（P60～）です。

Column

五感をはじめ、年を取ると体はどう変わるのか？

今あなたが見ている世界・聞こえている音・ニオイ・触っている感覚・味は、年を取るとどう変わるのでしょうか？　朝食の風景を思い出してください。

朝起きてパンを焼きます。トースターで焼いて「チン」と音が鳴ります。パンを取ろうと手を出すと、金属部に触れてしまい「熱っ」と手を引っ込めました。

パンからは、焼きたての香ばしい香りが漂います。バターの賞味期限を確認して塗ると、バターが溶けたニオイも合わさり食欲をそそります。かぶりつくと、口の中に美味しさが広がりました。

さて、高齢になるとこうなります。

朝起きようと思ったら、早く起きてしまいまだ4時で外は真っ暗。しばらく待ってパンを焼きます。まだ焼けないのかな?と思っていると、とっくに焼けていたようです。「チン」と音が鳴るはずですが、聞こえなかったから気づきません。

パンをトースターから取り出して手を見ると、やけどをしていました。でも、見るまで全然気づきませんでした。

パンからは、特にニオイは感じません。バターの賞味期限を確認しようとしますが、字が小さくてよく見えないから、まあいいだろうと塗りました。そしてかぶりつくも、ほとんど味がせずただ口に流し込んでいるような感覚でした。

五感、いわゆる「視覚」「聴覚」「嗅覚《きゅうかく》」「味覚」「触覚」はすべて、年齢を重ねるごとに衰えます。しかし、均一には衰えません。一つ一つ、見ていきましょう。

視覚

まずは老眼になります。40代中盤からはじまります。50代になると本がかなり読みにく

通常の見え方

白内障での見え方

くなり、60代になるとさすがに老眼鏡を使わないと辛くなります。

また、白内障が50代から半数以上の人に発症し、80代を超えると99%が白内障になります。[1] 白内障になると、暗い所と明るい所が見にくくなります。暗い中トイレに向かって歩いていたら階段を踏み外して転んでしまったり、夜間運転していたら対向車のライトがまぶしくて事故を起こしてしまったりする可能性が高くなるのです。

聴覚

難聴は50代後半からはじまり、60代後半で急速に進み出し、80代以上では7~8割を占めます。[2]

まずは高い音が聞き取りにくくなり、電子音などを聞き逃します。体温を測っていたのに「ピピ」っと鳴る音が聞こえず、いつまでも脇に体温計を挟んだままになるのです。

次第に、複数の音声の聞き分けができなくなります。多くの出演者が同時にしゃべるテレビ番組を観るのが億劫《おっくう》になります。複数人で集まっての会話を聞き逃して、大切な約束をすっぽかすことがあります。後ろから迫っている車の音にも気づかなくて、轢《ひ》かれそうになります。

嗅覚

50～60代までは年齢とともに機能が高くなりますが、それ以降はやがて低下します。自分ではなかなか気づきにくいのですが、70代からの機能低下が大きいです。[3] 嗅覚と味覚は関連しているので、味も感じにくくなります。

普段の生活では自分の体臭・口臭に気づかず、相手を不快にさせます。香水をつけすぎて嫌な顔をされることもあります。

味覚

60代から衰えてきます。味覚障害により味付けが次第に濃くなります。[4]せっかくつくってもらった料理も我慢すれば食べられますが、ついつい醤油やソースをかけたくなります。結果的に塩分を摂りすぎてしまいます。

味がわかりにくくなることで食べる楽しみが減るため、食欲もなくなります。いくら高級なもの、いいものを食べられるようになっていても、昔食べたもののほうが美味しかったなと思います。

触覚（温痛覚）

50代から衰えはじめ、70代から顕著になります。手に持っているものの感覚が弱まるため、物を落としやすくなります。温度感覚も鈍るので、やけどをしやすくなります。[5]若い人と同じ空間にいても空調の設定が違うため、嫌な顔をされます。

五感以外はどうでしょうか？　機能や各臓器などの変化を見ていきましょう。

筋力・関節

腰や膝《ひざ》の痛み、関節の変形は40代からはじまります。80代になると膝は半数以上の人が、腰は70％以上が関節の変形を認めます。[6]

筋力低下も40代からはじまり、50～60代で顕著になります。上半身はさほどでもないので、鏡を見ても衰えには気づきません。けれども歩くのが億劫になり、次第に歩く速度も遅くなります。何もない平地でつまずきやすくもなります。

記憶力・知能

記憶力は50代から徐々に衰えていき、60～70代で顕著になります。ただ、記憶する種類や記憶の仕方によって、衰える部分と衰えない部分があります。[7]

知能は種類と使い方にもよりますが、80代を超えても維持できるものと、60代から衰えるものがあります。

腎臓・膀胱・前立腺

40代から機能低下がはじまりますが、60代ぐらいから衰えを感じ、おしっこが近くなってしまいます。[8)]

心臓・血管

60代から衰えはじめます。[9)] 心筋梗塞《こうそく》や脳梗塞の原因となり、長時間の移動や運動が苦しくなってきます。

肺

45歳ぐらいから徐々に衰えはじめます。[10)] 山登りで辛くなったり、長時間の移動・運動が苦しくなったりします。

第2章

いじわる

老人のよくある困った行動【その4】

「私なんて、いても邪魔でしょ?」など、ネガティブな発言ばかりする。

Dさんは義理のお母さんと義理のお父さんと同居していました。お義母さんは年を取ってあちこち悪くなり、病院通いが絶えません。それでもお義母さんは、炊事・洗濯をしていました。

Dさん「ねえ、お義母さんに結構やってもらってるけど、そろそろ年かしらね?」

夫「そうだな。そろそろゆっくりとしてもらうか。君はちょっと大変になるが、大丈夫か?」

Dさん「大丈夫。4人分やるだけだから、そんなに大変じゃないよ」

夫と相談して、炊事・洗濯・掃除など一通りのことをやることにしました。最初は大変でしたが、慣れてくると時間もさほどかからなくなりました。夫も協力的で、掃除を手伝ってくれることがあります。ゴミ捨てや風呂掃除はしてくれます。

義理の父・母はゆっくりとテレビを観て過ごしているようです。喜んでくれているようでよ

かったな。と、そう思って安心していたのも束の間。お義母さんは身だしなみが乱れてきています。しまいには、
義母「私なんか、家にいちゃ邪魔でしょ？」
Dさん「そんなことないですよ」
義母「本当のこと、言っていいのよ。死んだほうがいいと思ってるでしょ？」
というやりとりまで増えてしまったのです。

「話をとにかく聞いてあげる」は大間違い

「早く死ねばいいのにと思っているだろう」「隣の家がうるさくて嫌だ」「育て方を間違えた」――ネガティブな発言をする高齢者がいます。ネガティブな発言は、年を重ねたことが原因なのです。

こういう発言を聞いていると、周りまで心が落ち込みますし、どう対処したらいいのかわかりません。よく肯定したほうがいいといいますが、「死んだほうがいいよね」と言う人に肯定して「そうですね」と肯定するのは間違いです。

では、周囲は何も言わずに黙って聞いてあげればいいのかというと、そう簡単にはいきませ

ん。**周囲がたとえ一生懸命聞いていても何も言えずにいると、高齢者はがっかりした顔をして「お前は話を聞いてくれない」と言われてしまうこともあるくらい**です。

非難されないとしても**聞いているだけだと、ネガティブな発言はもっと増えていくことも多いです。**

また、「親が助けを求めているのに、何もできなくて申し訳ない」と落ち込んでしまう周りの人も多いのです。ずっと聞いているだけだと家族も参ってしまいます。

「相手の話を否定せずに、よく聞いてあげましょう」とよく言いますし、理想的です。けれども家族も参ってしまうし、いつまで経ってもよくならない。鬱《うつ》が疑われるなら専門医に相談するのは当然として、なぜネガティブな発言が増えるのか、どうすればいいのかを知っておけばもっとラクになります。

ネガティブ発言を封じるのは逆効果

高齢になると、人の役に立っている実感が得られなくなる、ということがわかっています。

1）見る・聞く能力が落ちる上に体を動かす能力も十分でないため、周りのサポートを必要とするからです。

特にそれまで主婦として支えてきた、仕事で家を支えてきた、という自負がある人ほど、今の状況に満足できません。あなたも「仕事も家事もしなくていい」と言われたら最初は嬉しいかもしれませんが、何だか満たされない思いにならないでしょうか？　満足できない高齢者は自分が否定されている気がして、「死ねばいいと思っているだろう」「早く死にたい」などと言ってしまいます。

一方で家族が仕事や家事を肩代わりしてくれているのは、本当は気を使ってくれているのだということもわかっています。

そして下手に家事に加わって火事を起こしたら困る、炊事をしてもつい時間がかかって食事が遅くなることもわかっています。だから「家事をしたい」とも言い出せません。

外来の現場でも、「早く死にたい」と言う高齢者とはよく出会います。

家族としては「ネガティブな発言をやめさせたい」「愚痴《ぐち》をなくしたい」と思って、**「愚痴を言わないように」「ネガティブな発言をしないように」と注意しますが、かえって逆効果です。**

[2]ある研究では「シロクマのことを考えないで」と言われたほうが、むしろ考えてしまうとい

うことがわかっています。あなたも「シロクマのことだけは想像しないでください」と言われて、考えないでいられるでしょうか？　「このボタンを押さないでください」と書いてあると、押したくなるのが人の性です。

庭仕事など、負担や被害が少ない仕事をお願いしよう

では、周囲はどうすればいいのか？　**庭仕事など、危険性が少なくうまくいかなくても被害が発生しにくい仕事をお願いするのがいい**です。[3)]

これは、私が実際に会ったある高齢の女性の患者さんの話です。「年なんだから、家庭菜園をしないように」と家族から言われました。最初の外来の時は明るく、「まあ年だからね」と言ってました。でも次の外来に来る頃には、暗くなって下を向いています。「最近楽しくなくてね。庭仕事やってたけど、今はすることもないし。まあ、そろそろ死んだほうがいいと思うのよね」と言うのです。さらに次に来た時には「大丈夫ですか……？」とつい声をかけてしまうほどの様子です。そこで体の病状を把握した上で、ご家族と相談しました。すると次に来た時は、「庭仕事することになっちゃって。大変で困るよ」と笑顔で話すのです。

高齢者を見ると、周りは「命さえあれば」と思います。だから「無理をさせない」「体の安全が第一」と考えます。

白内障で視力が衰えている人がいました。96歳の男性です。テレビも見えない状態で、本ももちろん読めません。食事は何とかすることができていますが、何を食べているのかもわかりにくいという状態です。「手術をして治しましょう」と私は言いましたが、ご家族は「年だから、見えなくてもいいです」と言って手術をしないこととなりました。しかし病気が進行し、食事も自分でとれずに介護が必要な状態になってしまいました。そこで「少しでもよくなれば」と、手術をすることになりました。手術をすると目が見えるようになり、食事も自分で食べられますし、テレビも観られます。日常生活が楽しくなりました。

自分の親には、生きてさえいてくれれば嬉しいという思いがあるかもしれません。目が見えなくても、耳が聞こえなくても、仕事なんてしなくても、元気でいてさえくれれば……。そう思う気持ちもわかります。

でも、高齢者自身が「私はやりたいんだ！」と言えず遠慮してしまいます。**結果としてやりたいことができず、年を重ねて目も見えず耳も聞こえず仕事もないとなると刺激が減ります。そして、認知症へと進んでいってしまいます。**特に目や耳というのは、若いうちは重要性を感じないかもしれません。しかし、年を重ねるとテレビやラジオ、本、新聞、雑誌、家族との会話などが主な楽しみとなるので、目や耳のありがたさを身に染みて感じるのです。

認知症になりにくい方法としては、体を動かす運動が有効であることがわかっていますし、頭を使うことも有効であることがわかっています。

ただ、運動のお話をすると、テレビでよく見かける「老人ホームでお遊戯《ゆうぎ》をしている光景」を思い浮かべてしまう人が多いようです。けれども、あなたがもうちょっと年を取ってお遊戯をしたいと思うでしょうか？　実際には高齢者には、自分でやりたいことがあるのです。**なるべくやりたいことをやってもらったほうがいいわけで、お遊戯でなければいけないことはありません。**

何をさせていいかわからない時に有効なのが、先ほども触れましたが、植物の世話をお願いすることです。多少体が不自由でも植物に水をやったり、話しかけたりしてもらうくらいならできます。高齢者施設に入っている認知症の患者さんを対象にした研究でも、「家に帰りたい」と言うことや、他人への暴言が見られなくなったことが報告されています。しかも、認知機能も改善していったのです。

なぜ、うまくいったのでしょうか？　一つ目は、**体を動かせたこと**です。水を運んだりかけたりするだけでも、運動になります。

二つ目は、**決まった時間に行ったこと**です。特に仕事など用事がないと、人間は日がな一日ゴロゴロして、朝晩の区別がつきにくくなります。特に現代は電気が発達しているので、夜も明るくリズムがつきにくくなります。でも植物を育てていると、水をやる時間があるので生活にリズムがつきメリハリが生まれるのです。

三つ目は、**自分が何かの役に立っていると実感できること。**特に植物の世話は、植物が育っていくので成果がわかりやすいのです。自分が必要とされているという実感も得ることができます。

伴侶に先立たれた高齢者は自殺する可能性が高い

周りとしては正直なところ、ネガティブな高齢者と付き合うのは「こっちまで心が凹むから、嫌だな」と思うでしょう。でも、絶対に放ってはいけない時期があるのです。

特に注意が必要なのは、家族の死別で環境が変わった時です。高齢であるために、夫ないし妻に先立たれます。老夫婦が同時に亡くなることは事故でもない限りないので、家族がいてもほぼ確実に独り身・1人暮らしの時期がやってきます。そして1年以内、特に6か月程度では残された高齢者は死亡率が40%上昇します。[4]

つまり**死別後の1年間は、周りはどんなに忙しくてもこまめに連絡をとって様子を確認したほうがいい**のです。配偶者との死別により、鬱状態になる人が多いことも覚えておいてくださ い。

残された側が男性だと要注意です。男性のほうがより危険であることがわかっており、鬱にならなくてもお酒におぼれてアルコール中毒になる確率も上がります。

「うちのお父さんは死別後も、活発に動いているから大丈夫」と思うと、間違いです。鬱というと「暗くて下を向いて話さない」と思いがちですが、高齢者の鬱はそう単純ではありません。焦燥《しょうそう》というものが起きやすいのです。若い頃は、心が落ち込むと体も落ち込んで動かなくなります。しかし**焦燥になりますと、イライラしてむしろそわそわ歩き回ってしまうことさえあるので、元気であると勘違いされます。**ですから周りは、イライラそわそわしていないかをチェックしましょう。

さらに**焦燥になったほうが、自殺する確率も上がります。**[5]65歳以上はそもそも15%が抑鬱状態です。[6]そして**抑鬱状態の高齢者は21%、つまり5人に1人が2年以内に死亡するというデータもあります。**[7]これを知らないと、「なぜ私は、不安を抱え続けた父を助けてあげられなかったのだろう……」と一生後悔します。配偶者が亡くなって1年、特に四十九日が終わった後から半年の間が、残された高齢者は気が抜けやすく連絡も途絶えやすいので、しっかりと見守りましょう。

---- 老化の正体【その4】

⬇自分が誰の役にも立っていないことを、非常に気にしている。

⬇頑張ってきた人ほど、今の状況に卑屈になる。

◎周りの人がしがちな間違い

・ネガティブ発言を封じる

・「長生きさえしてもらえれば」と、安静にさせようとする

・本人たちの趣味を無視して、お遊戯でもさせればいいとする

◎周りの人がすべき正しい行動

・やりたいことを、なるべくやらせてあげる

・庭仕事など、身の危険が少なく、失敗しても被害が出にくい仕事をお願いする

・体を適度に動かしてもらう

・決まった時間にする作業をさせる

・自分が役立っていると実感できるようなことをさせる

・伴侶に先立たれて残された高齢者こそ、定期的に連絡をとるなどして、しっかり見守る。特に伴侶の死後1年間は要注意

・イライラそわそわしている時も、厳重注意

◎自分がこうならないために

・庭仕事など、「適度な運動」「ローリスク」「成果が実感できる」仕事をする

◎自分がこうなったら

・周りに迷惑をかけない範囲で趣味を楽しむ

せっかくつくってあげた料理に醤油やソースをドボドボとかける。

Eさんは実家に帰って料理をつくることになりました。父も母も和食が好きなので、今日は「大根の葉とじゃこの炊き込みご飯」「ぶり大根」「白菜と油揚げの味噌汁」「にんじんとひじきの和え物」「わかめの酢の物」と、たくさんつくりました。普段はせいぜいぶり大根と白飯と味噌汁程度なんです。たまの実家でゆっくりしたいのですが「すごいな」「美味しいな」と言ってもらいたかったのです。「どうぞ、まあたいしたものじゃないけど」とEさんは言いながらも、自信はあります。

でも父は軽く一口食べると、ぶり大根や和え物だけでなく味噌汁にまで醤油をドボドボと入れ出したのです。Eさんは「え!?」と、声にならない声です。「お父さん、ちょっと……」と、母は申し訳なさそうに見ています。「私は美味しいのよ。ありがとね」と言う母のフォローが、逆にむなしさを助長しました。

「薄い」。父はそう言ってもそもそとご飯を食べました。「味、薄かったのかなあ？」、そう思って改めて自分でも食べてみます。「いや、全然薄くないでしょ。これのどこが。お父さんは高血圧だから、これ以上塩分を増やすわけにはいかないし、どうしろっていうの？」。

「ま、お前もいろいろとつくれるようにはなったんだな」と、父は一応認めてはくれているのでしょうか。でもせっかくつくった料理にいきなり醤油っていうか、和え物は味さえ見ないで醤油入れたのを私はちゃんと見てたんだから！

塩分は若い頃の12倍使わないと、同じ味に感じない

味覚は年齢とともに変化します。あなたも幼少時代に好きだったものと、学生時代好きだったもの、今好きなものは徐々に変わっているのではないでしょうか？　私自身も脂っこい肉ばかりが好きでしたが、徐々に魚が好きになってきました。

ただ、**年を重ねていくと味覚を感じにくくなります。**同じ料理を食べていても味気ないと感じてしまうのです。55歳を超えると若い人の3倍以上味覚障害が出てきます。[1]高齢になって味覚がおかしくなるなんてあまり印象にないですよね。でもあなたも「自分の味覚は正常

だ」と言い切れるでしょうか？　味覚の変化はわかりにくいので、味覚低下を自覚していない人がたくさんいるのです。

自分で料理をする人は、味覚の障害を自覚できます。味見をしてつくった料理を家族が食べて、「あなたの味覚はおかしいよ」と言われるからです。でも、料理をしない人は多少味覚が変わっても気づかないので、実際に普通の味付けでも「この料理はまずいな」と思ってしまうのです。

味覚が低下すると、どんどん味付けが濃くなったり、塩分の多い料理を食べたりしてしまうため、高血圧や糖尿病にかかりやすくなってしまいます。

また、心臓が悪い人は、味覚が弱く塩分を感じにくいことがわかっています。[2] 味覚は、「甘味・塩味・苦味・酸味・うまみ」の五つが存在し、舌にある味蕾《みらい》という細胞で感じます。味蕾は毎日のように生え変わります。

どうして年齢を重ねると、味を感じにくくなってしまうのでしょうか？　一つ目の理由は、味蕾の生え変わりが遅くなること。[3] 古くなった味蕾はセンサーが弱いため、味も感じにくくなります。

図2　若い頃を1とした場合、高齢者は何倍の味が必要か

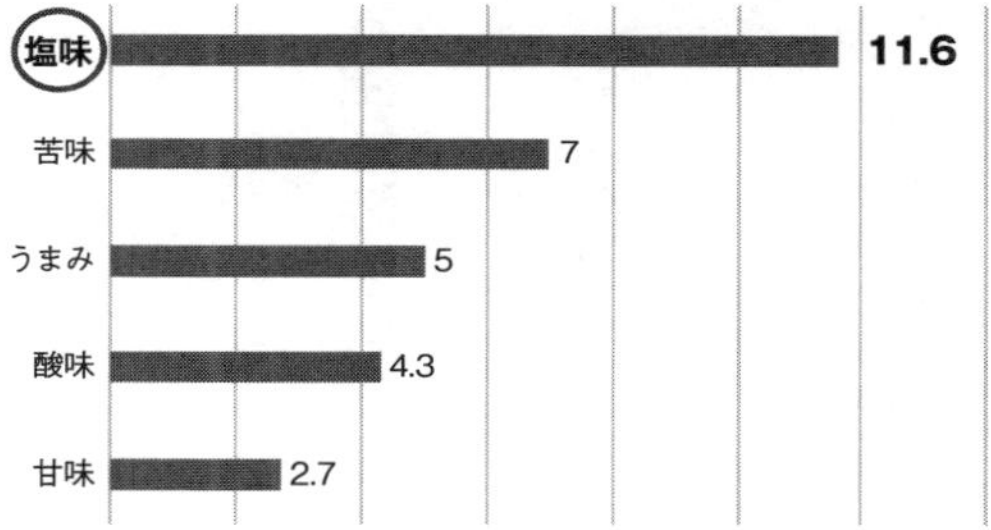

二つ目には、**高齢になると薬を多く飲みがちになりますが、これが味覚を落とす原因になる**のです。[4] 特殊な薬ではなく、高血圧の薬・高脂血症の薬・睡眠薬・糖尿病の薬という一般的に使われている薬でも、味覚が弱くなることがあります。

自分が飲んでいて味覚がおかしいなという場合は、主治医もそのことは言われないと気づきません。勝手に薬をやめるのではなく、「最近味覚がおかしくて味を感じないんです」と伝え、相談しましょう。

では年を取ることで、どの味がどういう風に感じるのかを、詳しく見ていきましょう。塩味、甘い味といろいろありますが、塩味が一番影響を受けてしまいます。**あまり影響を受けないのが甘味**です。とはいっても、若い頃の２・７倍の甘味がないと「甘いな」と感じないのです。一方で苦味は7倍、酸っぱさは４・３倍、うまみは5倍で感じます。[5] そんなにたくさんないと感じないのか、と思うかもしれませんが、**塩味は11・6倍、約12倍でやっと若い頃と同じように感じる**のです（P75の図2）。

だからこそ高齢者は、塩分の強い食事をとりがちです。いくら高齢者に「もっと塩分を控えてよ」と言ってもやめてくれなかったり、減塩醤油を買ってきても昔からの醤油を使おうとしたりします。

塩分控えめでも、酸味、照明、食器で美味しくなる！

そこで、解決策を幾つか提案します。

一つは塩分以外の味を使うこと。例えば、塩分よりは年齢の影響を受けない、うまみ成分であるグルタミン酸を代用します。**高齢になっても、うまみは塩分の2倍味を感じやすい**のです。だしをしっかりとれば、塩分を抑えてもしっかりと高齢者が味を感じることができる料理がつくれます。だしを強めにとることで塩分の代わりとするのです。厚生労働省のデータによると、塩分を1日10g以上と多めに摂っているのは東北・関東・北陸・東海となっています。[6]

病院にいると、患者さんから「病院食は味が薄い」とよく言われます。あなたも入院したことがあるのなら、薄いなと感じた経験があるかもしれません。あれは、体にいいことだけを念頭において栄養素・塩分を配分しているからです。私も病院食をたまに食べるのですが、味をもっとよくしてほしいなと思います。

弱くなった味覚をうまく使うには、味にアクセントをつけることも効果的であるとわかっています。[7] 塩分の少ない料理を用意しすぎてそればかり食べていると、どうしても物足りなく感じてしまいます。やけになって「こんな我慢して長生きするより、食べたいものを食べて太く短く生きる！」ともなりかねません。

全部を薄味にするのが厳しければ、一部の料理だけでも薄味にするのです。そうしますと、それぞれの料理の味にアクセントがつきます。同じ塩分でも、通常よりも塩気が多いように感じるのです。高齢になると、普段つくる料理は同じ料理ばかりになります。味にアクセントが全くなくなり、どれを食べても似たような味になってしまうので、アクセントをつけるだけでも大きく変化します。

より美味しくするためには、唾液を分泌させることです。唾液が出ると口の中の食事の成分が溶けて舌に絡みやすくなり味を感じます。**酸味は唾液を出すのに効果的**です。酸っぱいと唾液が出るからです。うまみとともに、酸味も利用してください。

味というのは味覚だけではなく、嗅覚や視覚も重要になってきます。松茸料理であれば、香りを味わうともいわれています。コーヒーも、引き立ての豆の香りがあるとより美味しく感じます。私も子どもの頃ピーマンが嫌いでしたが、鼻をつまんで食べれば少しだけ味を感じずに食べることができるのでそうしていました。それくらい、嗅覚は味に影響を及ぼすのです。

色など視覚も大切です。色合いがいいほうが美味しく感じやすいです。[8] ファミリーレストランやスーパーでは、普段とは違う明かりが使われていることに気づいているでしょうか? 家庭や職場では、昼光色や昼白色など青白っぽい電灯を使っていることが多いのですが、これは部屋全体が明るく見えるというメリットがあります。

けれども**食事では、オレンジに見える電球色の下でのほうが美味しそうに見えます。**実際にスーパーで美味しそうだと思って買った総菜は、電球色の明かりに灯って売っていたので、買って家で見てみると「あれ? スーパーで見た時とちょっと違うかな」と思って、食べてもいまいちに感じることがあるのです。

さらに見栄えをよくするには、食器を活用します。9）白い米を黒い茶碗に入れてみると、しっかりとした印象で美味しく感じます。逆に肉など強い色のついたものは、白い皿に載せるほうがしっかりと存在感を出せ、美味しくなります。

牛肉や卵を食べて、亜鉛を摂取すれば味覚が鍛えられる

年を取っても味覚を衰えさせないためにはどうするか？　一番大切な栄養素が亜鉛です。**亜鉛が足りていないと味覚が悪くなることがわかっています。**治療としても使われるほどです。でも実態は悲しいことに、日本人の亜鉛摂取量は減っているのです。国民健康栄養調査によると１日当たりの亜鉛摂取量は、平成13年度で８・５㎎だったのに対し、平成27年度は８・０㎎と徐々に減っているのです。10）

さらに悪いことに現代人は、亜鉛の摂取量が減っているだけでなく、**亜鉛を体外へ排出してしまっているのです。その原因は、スーパーやコンビニで売られている加工食品に含まれている食品添加物の一種**であるフィチン酸とポリリン酸類です。加工食品は手軽で美味しいものも多いのですが、味覚が弱くなってしまうことも覚えておきましょう。11）

では、亜鉛が多く含まれている食材とはどういうものでしょうか？　**牡蠣《かき》、カニ、牛肉、レ**

バー、卵、チーズなどです。肉は、豚や鶏より牛のほうが亜鉛が多いです。これらの中では牛肉と卵が一番食べる可能性が高いでしょう。牛もも肉ですと薄切り2枚（100g）で7・5㎎摂れます。[12] 1日に必要な量は男性9～10㎎、女性7～8㎎ですから、さらに卵・チーズなど他の亜鉛が多い食材を摂れば、1日に必要な量に達します。[13]

毎日の味付けでも、味覚を強くすることができます。濃い味付けを毎日繰り返してしまうと、これも味の強弱がつかないために味を感じにくくなってしまいます。薄味や濃い味を組み合わせることで、味をしっかりと感じることができます。ですから**味噌汁の濃さ、ソースをかける量などが少ない日というのを設けておくと、味覚が鍛えられます。微量の塩分でも感じることができるようになります。**

さらには、塩分計で塩分濃度を測定して自分の実感と比較していくと、より味覚が鍛えられます。研究では日本人には10％、米国では30％いるといわれる味音痴の人でも、鍛えれば正常な味覚を取り戻したとされています。[14]

入れ歯をしている人も要注意です。味覚を主に感じるのは舌ですが、**舌以外の場所でも味覚**

は感じます。ですから、**入れ歯、それも総入れ歯になると、味覚はだいぶ感じにくくなってしまうことがわかっている**のです。15）

さらに入れ歯は、素材によって味の感じ方が変わります。レジンという素材ですと自然な色を出せるのですが、口の感覚も味の感じ方も落ちてしまいます。16）味覚が感じにくくて困る場合は、**もっと味が感じやすくなる金属製の入れ歯に変えるのも一つの方法**です。

同じ金属でも、「トルティッシュ義歯」ですと、より味を感じやすくなります。17）ただし、味を感じやすくするために細かい穴が開いているので、洗浄が面倒で超音波洗浄などが必要です。ただ、こういうのがあることを知っておけば、歯医者さんで相談することが可能になります。

口の中の金属ということですと、金歯と銀歯といったように複数種の金属があると、口の中で「ガルバニー電流」という電流が流れて、変な味や感覚が発生してしまいます。注意しましょう。

かみ合わせが悪くなっても、味覚の低下が起こることがわかっています。18）歯医者さんで一度、かみ合わせをチェックしてもらうことも勧めます。

老化の正体【その5】

↓年を取ると味覚が落ちる。塩味に至っては若い頃の12分の1まで低下。

↓薬を多く飲みがちな老人は、薬によっても味覚が落ちる。

◎周りの人がしがちな間違い

・塩分を高齢者に言われるがまま足して、高血圧を助長する

・調味料をどんどん追加する

◎周りの人がすべき正しい行動

・一部だけでも薄味にして、献立全体で味のアクセントをつける

・塩味の代わりに、うまみ成分、酸味を使う

・料理の存在感が増す食器を使う
・ダイニング（台所）の電灯を電球色に変える
・加工食品を控える
・服用している薬が何かをチェックし、医者と相談する

◎自分がこうならないために

・亜鉛を摂るために、牛肉、卵、チーズ、カニなどを食べる

◎自分がこうなったら

・入れ歯を使っているのなら、材質などをもう一度チェック
・歯医者で、かみ合わせを調べる

老人のよくある困った行動【その6】

無口で不愛想。こちらが真剣に話を聞こうとすると、かえって口を閉ざす。

Fさんの父は、昔はとても気さくで話し好きでした。でも最近は口数がめっきり減り、気難しささえも感じるようになってしまいました。

Fさん「お父さん、最近内科には行ってるの?」

Fさんの父「ああ」

Fさん「何て言われてるの?」

Fさんの父「何も」

最近はこんな感じでぶっきらぼう。母との会話もあまりないらしく、母も今後のことを考えてしまっているようです。熟年離婚というのでしょうか。さすがに両親は仲よくしてほしいなと思っているのですが、母もこんなに話さない父との生活はかわいそうです。

Ｆさんの母「お父さん、晩ご飯どうです？」
Ｆさんの父「ああ」
Ｆさんの母「今日は買い物行ったら、途中で雨降っちゃってね。大変だったのよ。お父さんは？」
Ｆさんの父「別に」
こんな会話じゃ、母がこれからを考えてしまうのも当然です。

「無口→距離を置かれる→本当に孤立」という破滅の道

高齢になってから、無口で気難しくなる人がいます。ただし**原因は性格が変わったことではなく、実際に声を出すのが得意ではなくなったり、話していると疲れてしまったりすることによるのです。**

しかも、**ずっとそんな調子ですと声を出すのが億劫になり、ますます口数が減ってきます。すると「あの人は気難しい」と思われてしまうので、周囲もあまり話しかけなくなります。しまいには高齢者のほうは孤立してしまうので、本当に気難しくなるという結果も起きてしまいます。**

よくしゃべる高齢者にも、要注意です。外来でも、すごく話す高齢の女性がいるので聞いてみると、彼女ですら話すと疲れるようになったというのです。それを知らないで**話好きだと思って長時間話すと、「あの人と会うと疲れるから嫌だ」と思われてしまいます。**

なぜ高齢者は、声を出すと疲れてしまうのでしょうか？　二つの理由があります。

一つは、**声を出す声帯《せいたい》が衰えてくる**こと。体の筋肉が衰えてくるように、声帯も衰えるのです。これで、声がうまく出なくなります。

二つ目には、**声を出すための体の筋肉が衰えてしまう**こと。声を出すというと喉《のど》の筋肉かと思われがちですが、そうではありません。「腹から声を出す」とよくいいますが、胸やお腹の筋肉を使って息を吐き出して人間は声を出しているのです。だから歌手やミュージカルなど舞台に出演する人は、体を鍛える必要性もあるのです。

男性は女性よりも2倍以上、声が出にくくなる

声の衰えは、男性のほうが起こりやすいです。年齢の上昇にともない声帯の萎縮が、男性は67％、女性は26％起こるといわれています。[1] つまり、男性の方が女性の2倍以上声が出し

にくなるということです。

特に男性の場合は、**タバコを吸って喉が悪くなる人もいます。**また、使わなくなることで萎縮する廃用性萎縮《はいようせいいしゅく》によっても、声帯は衰えます。仕事をしている時は声を毎日出していたけれども、定年退職して家にいるようになって妻としか話さない。といっても、妻とも大して話さない。こんなことが廃用性萎縮の原因となっています。

体の筋肉も、しばらく入院して動いていないと弱ります。私も子どもの頃、骨折して片手にギプスを巻いていたことがありました。ギプスを取った日、腕が細くなっていることに驚きました。腕も使わないと衰えてしまうのです。

声だって同じです。使わないと衰えます。**定年退職してから話す相手もいないので声を出さなくて衰える、**すると声がさらに出しにくくなり口数が少なくなるのです。

一方で、声帯を使いすぎても問題が起きます。講演家や歌手、学校の先生、電話で応対する仕事のように声帯を頻繁に使っていると、ダメージによって他の人の2倍声が出しにくくなってしまうのです。[2][3]

声帯は使わなくてもダメだし、使ってもダメってどういうこと？と思うかもしれません。要は〝過ぎたるは猶及《なお》ばざるが如し〟、**使いすぎも使わなすぎもよくないのです。日常会話程度なら悪くなりません。**

声が小さくても無口でも大して問題ないのでは？と思いがちですが、**他の人との会話が減ることで引きこもりがちとなる**ので見過ごせません。人と会っても楽しく会話ができないですし、相手に悪いなと思って本人が会わなくなります。これが抑鬱《よくうつ》を引き起こすことにもつながります。「趣味だったカラオケに行かなくなった」「友だちと交流を深めていたのに、外に出る機会がなくなった」といった高齢者もいます。

1から10まで数えると、声がよく出るようになる

ではあなたは今、どのくらい声が出ているでしょうか？　声のチェック方法として、**最大発声持続時間というものがあります。「あー」という発声を、どのくらい長く続けられるかを調べるものです。平均的には20～30秒程度ですが、男性ですと15秒、女性ですと10秒以下しか続けられない場合は発声能力が落ちていると考えます。**[4]

家族がどのくらい声が出るか、確認してみましょう。特に両親の間の会話が減ってきている

時は、心のすれ違いではなくて声が衰えて面倒になっていることがあります。ただ、会話が減ることで心の交流がなくなって、熟年離婚となるのも寂しいものですよね。

声をしっかり保つためには、発声訓練というものがあります。８割の人が改善を認める方法です。5）発声訓練をしっかりしている方は、声が出せるというだけではなく、声の質もよい状態になります。

お勧めの方法は、毎日数字を1～10まで声に出すというものです。小さい子どもの頃、風呂に浸かる時に数字を数えたのに似ています。今も思い出して、風呂で声を出してみましょう。発声訓練によって、高い声も低い声も出やすくなることがわかっています。声門という声を出す場所に隙間が空いていた人も、それがふさがってきたと報告されています。さらに、**肺炎まで防げる**ということまでわかっています。6）

仕事で声を出すことが多い人の場合は、正しい発声方法を知っておくと将来の喉のダメージを防ぐことができます。

寝る時、**口が乾くのなら部屋の湿度を上げたりするべき**です。**いびきをかいているのなら横**

向きに寝る、あるいは適切な治療が必要です。

飴をなめたりするなど「悪くなった時だけ声をケアする」のではなく、普段から声のケアをしなければいけません。

普段からできることとしては、**こまめに水分を摂ることが重要**です。よく講演会の時は、出演者の机に水が置いてありますが、水分を摂ることで喉を休めることができるようにそうしています。できれば**常温に近いもののほうがいい**です。

声が小さい人の話を聞く際は、自然に近づけばよい

声が小さいなど、声を出すのが苦手な高齢者の話を聞く際には、どうすればいいでしょう。ついついやってしまうのは、相手が何を話しているのか聞こえなくて「え、何?」と何度も繰り返したずねてしまうこと。すると相手は話す気を失せてしまいます。

外来でも職員が患者さんに、「アレルギーは何かありますか?」などと質問します。患者さんは「えっと、アレルギーは……」と小さな声で話します。そこで「え、何ですか?」と聞き返したり、イライラしてたずねてしまうこともあるのですが、すると患者さんは嫌になって「ないです」と答えてしまいます。

そこで、**一歩前へ出て聞こうとすると声が聞こえやすくなります。電話であれば受信の音量を上げます。**高齢者に接することに慣れている介護職員や医療職員などは、無意識に一歩相手との距離を詰めています。私も外来では、自分のイスは固定ではなく動くタイプにしてあります。患者さんの話が聞きにくい時に、座ったまま自然に近づいて話を聞くことができるからです。

普通に会話する距離よりも近づけば、23％音量が増えることになります。[7] 近づくことは、「あなたの話を真剣に聞いているよ」という意思表示にもなります。すると相手は心を開いてくれるのです。

逆に作業をしながら話を聞くと、「ちゃんと聞いてくれない……」と思われるので、**作業を止めて話を聞く必要があります。**

確かに、じっくりと話を聞くことはなかなか難しいものです。ただ実際に、例えば医療現場でも声が小さい人の場合は、医師がカルテを書きながら話を聞いてしまうと「聞いてくれていない」と思い、話をやめてしまいます。そこで私は手を止めて、相手のほうを向いて話を聞きます。すると会話をやめていた人が、また話しはじめてくれるのです。

老化の正体【その6】

⬇性格が変わったのではなく、声を出すのがしんどくなったので、無口になってしまった。

⬇男性のほうが女性よりも2倍以上無口になる。

⬇話しかけられなくなったので、寂しくなって、内面的に心も開かなくなって話さない老人もいる。

⬇声帯も、その他の声を出すための筋肉も、衰えている。

◎周りの人がしがちな間違い

・「えっ、何？」と何度も聞き返す

・無口な老人は無視する
・よく話す老人に、こちらからもどんどん話しかけたり、長話をしたりしてしまう

◎周りの人がすべき正しい行動

・話を聞く際は、自然に近づく
・電話であればボリュームを上げる
・作業中の場合は、いったん手を休めて話を聞く
・「あー」という発声が何秒間できるのかを計る

◎自分がこうならないために

・タバコを控える
・就寝時には喉の乾燥を防ぐために、マスクをしたり加湿器を使ったりする
・いびきをかくのであれば、横向きに寝る
・こまめに水分を補給する
・夫は妻とちゃんと会話をする

・話し相手を探す
・カラオケなど声を出す機会のある場に出向く

◎自分がこうなったら

・1から10まで数える

老人のよくある困った行動【その７】

「あれ」「これ」「それ」が異様に多くて、説明がわかりにくい。

Ｇさんは実家に帰って家族と話していました。

「おいお前、『あれ』取ってくれよ」。そう言う父は昔から、「お前」とＧさんに話します。お前じゃなくて名前があるし……、そう思うのでずっと嫌です。

気を取り直して笑顔で醤油を取ります。「違うよ、そっちの『それ』だよ」。そういえば父はコロッケはソースで食べる派なのです。ソースを父に渡しました。

するとすぐに父は、「お前は昔から気がきかなくてダメだな。晩メシの時はビールを飲むに決まってるだろ」。

「今、ソースを取ったばかりでしょう……。決まってるなんて知らないし、私が酒の準備までしなきゃいけないのかもわからないし、そもそも普通に『ビールがほしい』って言えばいいのに、なんで言わないの？」とGさんは思いながらも、渋々ビールを用意しました。

父「それで、お前『あれ』はどうなったんだ？」

Gさんは「どうなったって、息子の学校のことかしら？　それとも家のこと？」と思い、父に「あれって何？」と何気なく聞きました。すると父は、「あれはあれだろ、馬鹿野郎！」。

Gさん「怒ることないでしょ。あれって言われてもわからないから聞いてるの！　だからあれって何なの？」

父「うるせえな。ずいぶんと生意気に育ったもんだ」

「お前」だ「あれ」だとうるさいので、ついつい喧嘩をしてしまいました。あんなに怒ることはないのに。たまに娘が帰ってきたらもうちょっと喜ぶものでしょう。

食事を終えると母がこそっと耳元でささやきます。「お父さんね、最近『あれ』とか『これ』って言うことがすごく増えて。何してほしいのかもよくわからなく、前よりも怒りやすいのよ」。

高齢者の記憶は全部が衰えるわけではない

「あれ」を「それ」して「なに」して――というように、具体的な言葉が出てこないで説明することが増えていないでしょうか？　年齢を重ねると、物の名前の記憶があいまいになります。また、若い人と比べると話が2倍長くなることがわかっています。[1]「あの俳優いたよね。髪がちょっと薄目で、昔不倫してたかもって噂になったじゃない。あのドラマにも出てた人で」というように思い出せなくなるのです。

年を取ると、「あれ」「これ」「それ」が増えるのは記憶力の問題だけではなく、記憶をたくさんしているからということもあります。高齢者は脳が悪いとは限らないのです。確かに高齢者のほうがものを覚えるのは不得意です。しかし、長年生きてきたため記憶している量は多いことから判断材料が多く、判断力は高いことがわかっています。[2]

誰でも小さい頃はお父さん、お母さんしか知りません。次第に学校の友だちの名前を覚えます。そして社会人になると、職場の人、お客さん、マスコミによく出る人、業界では著名な人、めったに会わない遠い親族など非常に多くの名前と出会います。やがて高齢者になってくると、これまで出会った名前は非常に膨大となるので、とても全部を覚えきることができません。人名だけでもこうですから、物の名前も含めると大変なことになってきます。高齢者はたくさんの名前を覚えてしまったから、なかなか名前が出てこないのです。

「あれ、買っといてよ」と言われ、「え、何のこと？」と聞いたとしましょう。

高齢者が「あれよ、あれ。ほら、ベランダにあるパンジーに差してある……、なんだっけ？　えっと」と言いつつ、「植物用液体肥料」がほしいとなっている。このように明確に何かはわかっているけれども名前がわからない時は、**単なる物忘れですので、あまり気にしなくていい**です。年齢にかかわらずよくあるからです。

一方で、**高齢者が「あれって言ったらあれのこと。しつこく聞かないで！」と怒ってしまうことがあります。この場合は、問題です。認知症の前兆かもしれないからです。**[3]

なお、**怒ってしまうのは、自分でも「あれ」が何だかわからなくなっており、そのことを指摘されるのが嫌だから**です。

会話を成立させるために「取り繕《つくろ》っている」可能性がある

「せっかく聞いているのに、怒るなんてひどい人だ！」と思ってしまいますが、防衛反応として怒っているのです。誰でも自分がいろいろ忘れてしまっているというのは、受け入れたくないものです。だから**他人と会話をする上で、一見成立するかのような取り繕いをします。よくあることで、「取り繕い反応」や「場合わせ反応」という名前までついています。**[4]

決して高齢者は、「わからないから、ごまかしてやろう」というように意図的にやっているわけではないのです。無意識に取り繕ってしまうのです。「あれ」「これ」が増えて、空虚な会話が続くこともあります。外来の現場でもよくあることです。

平松「内科には、最近かかったんでしたっけ？」
高齢者「最近は年取ってきたからね」
平松「そうですか。年齢を重ねるといろいろありますものね。お待たせしちゃってすいませんね。お昼はもうお食べになりました？」
高齢者「最近はすぐお腹いっぱいになっちゃって」
平松「あんまり食べられないんですね。ところで、お薬は飲みました？」
高齢者「ああ、あれは大丈夫だよ」

というように会話としては一見すると成立していますが、実際には内科にかかっているかどうかを高齢者はすっかり忘れています。お昼も食べたかどうか覚えていません。そして無意識に「悪意なく」取り繕っています。

「あれじゃわからない。ちゃんと言ってよ」「いつもなんで、そんなあいまいに言うの?」「内科かかっているか、ちゃんとわからないと困るでしょ」「本当はお昼食べたか覚えてないんでしょ。適当なこと言わないでよ」と言って、ちゃんと相手に確認したくなる気持ちもわかります。

でも責めてしまうと、相手は混乱してしまってふさぎ込んで会話をしたくなくなってしまいます。せっかく取り繕ってでも相手と会話をしようと思っていた気持ちがなえてしまうのです。**「間違いは指摘する」というのは一見正しいようですが、相手を追い詰めてしまうのでやめましょう。**

家族・周りの人ができることとしては、**「あれ」「これ」が増えている時は『あれ』『これ』が本当にあるものなのか?」『あれ』『これ』を指摘されて怒らないか」を見てみましょう。まずは、「あれって何のこと?」と聞くのです。**

「うるさいな、あれといったらあれだよ」と怒ってしまうようだったら、「あれ」「これ」を問い詰めずに、他に物忘れがないかそれとなく聞いてみてください。「今日って何月何日だっけ?」というように、自分がつい忘れたかのように聞くと相手を傷つけないで聞くことができます。

一方、取り繕った会話は気づくのが難しいです。本当に自然な会話なので「とっても普通に誠実に話してくれている」と思います。私の実感として、取り繕いの会話をしている患者さんはいい人が多いです。私との会話に何とか合わせてくれているので話もしやすい。ほっこりしながら会話をするので「まさか取り繕っているのでは？」なんて相手を疑いの目ではなかなか見られないのです。取り繕っているのが家族であればなおさらで、「まさか。記憶がなくなったなんて思いたくない」という気持ちも働き、ついつい見過ごしてしまいがちです。

けれども**「取り繕い」というのがあることを知っていれば、「もしかして取り繕っているのかな？」と気づくことができます。**

「大切な記憶がないと困る」「薬を飲んだかどうかを忘れては大変だ！」など大切・重要な時はどうすればいいでしょうか？　医療介護の現場では薬を飲んだか飲まないかは重要です。だから看護師さん・施設の人・介護者・ご家族が必死に問い詰めてしまうのもわかります。しかし仮に問い詰めて相手から「飲んだ」「飲まなかった」という返答を何とか聞き出しても、その返答が信頼できるかわかりません。

高齢者のことをわかっていない医者・現場を知らない施設長・自分では何もしない親戚が「ちゃんと聞かなきゃ」なんて勝手なことを言いますが無理な話です。可能な限り聞いたら相手を追い詰めず他の方法で、できる範囲で相手が行った行動を類推することしかできません。そしてその後、他の人に薬を管理してもらうなど代替の手段を探すしかないのです。

話しながら散歩するだけでも、脳が活性化される

では今後、あなた自身の記憶が衰えにくいように、認知症になりにくいようにするにはどうすればいいでしょうか？

「ナン・スタディ」という研究があります。ほぼ同じ食事・同じ生活をして、認知症になった人とならなかった人とでは何が違うのかを調べたものです。結果として、運動や食事が同じでも、若い頃に書いた作文の複雑さと高齢になった時の認知症の発症率が相関することがわかっています。[5] 年を取ってからの対処も大切ですが、40代、50代と若い頃から認知症にならないように対策を行うことが将来の認知症を防ぐのです。

とはいっても、作文の練習をするのは面倒ですよね。でも、ご安心ください。**本を読むと認**

知症の発症率を35％減らすことがわかっています。つまり、今あなたがしていること（＝本書を読んでいること）は有効なのです。[6]

また、１万79人を対象にした大規模な研究では、**複雑な仕事をすることも有効**なのがわかっています。[7] 家庭や近所の人とのトラブル解決を任されたり相談されたりするのも同じです。お金をもらう仕事でなくてもいいのです。特に人間関係での複雑なことに取り組んでいると、認知症の発症率を20％減らすことができます。人間関係は大変なのはすごくわかりますが「認知症予防にもなる」と前向きになって取り組んでみてください。

さらには、**知的好奇心を持つことも認知症の発症率を下げ、記憶力の低下を32％下げる**ことがわかっています。[8] **いつもと違うテレビ番組やラジオ番組をつけてみる、散歩の道をちょっと変えてみる、そんなちょっとしたことが認知症予防につながります。**

散歩をしながら話をするというのも有効です。同時に二つ以上のことをすると、認知機能を鍛えることができるからです。[9] 会話しながら一緒に歩くのはよいことです。

でも、一緒に住んでいる人もいないという場合は、離れた家族と時間を合わせて会話をしながら散歩するのもよいです。家族との会話は「たまに連絡しなきゃ」と思っていてもなかなかできないものです。「暇になったら連絡しよう」と思うと、いつまでたっても暇にはなりません。週に1回でも例えば「土曜日は18時から一緒に散歩をしよう」と決めます。

もしお互いに遠く離れすぎて会うのが難しい場合は、歩きながら携帯電話を使って手を使わずに会話ができるように設定をします。そして散歩しながら、ここ1週間のことなどを言い合います。こうすれば定期的な連絡もとれるので、家族が病気になったことや最近の心配事もわかります。ちょっと認知症気味なのかもわかります。その上、お互いの認知症予防にもなるのです。

老化の正体【その7】

⬇「あれ」や「これ」の正体を突き止めると、心を閉ざしてしまう。

⬇老人の記憶は残りやすいものと、消えやすいものがある。

↓会話が成立するように取り繕うことがある。

◎周りの人がしがちな間違い

・「あれ」や「これ」が何なのかを問い詰める

◎周りの人がすべき正しい行動

・責め立てないで、結論を急がず話を聞く

・取り繕うことがあるのを知る

◎自分がこうならないために

・読書する

・文章を書く

・複雑な仕事をする

◎自分がこうなったら

・いつもと違うテレビやラジオの番組をつける
・いつもと違う道を歩く
・散歩しながら会話する

第3章

周りが大迷惑

老人のよくある困った行動【その8】

信号が赤に変わったのに、ゆっくり渡っている。信号が元々赤なのに、堂々と渡ってくる。

交通事故は気をつけなければ。Hさんはそう思っていたので、今日は安全運転を心がけていました。とはいっても、後ろの車がさっきから車間距離を狭めてあおってきます。

右折をしようと交差点で止まっていたら、後ろの車も右折みたいで嫌な感じです。対向車がたくさん来るので待っていると、右折先の横断歩道でトボトボとおばあちゃんが横断歩道を渡っています。「どっちにしても、あのおばあちゃんが渡ってからじゃないとダメだしね」そう思っていましたが、後ろは待てないのか狭い車間距離をさらに徐々に詰めてきます。

やっと対向車がいなくなりました。信号も赤に変わるので右折すると、まだおばあちゃんは渡り切れていません。私の車はいいですが、後ろの車は他の車の通行を完全に遮ってしまう位置にいます。私にクラクションを鳴らしてきますが「おばあちゃんがまだ渡ってるし、無理だから……。おばあちゃん、信号赤になっているから早く渡ってほしいな」そう思って見てますが、何もなかったようにヨロヨロと信号を渡っています。

と思うと、別のおばあちゃんが、信号がとっくに赤に変わっている横断歩道を渡りはじめたのです……。

日本の信号機は、おばあちゃんには渡れないようにつくられている

アメリカでは信号が青の間に横断歩道に入って、信号が点滅中（アメリカでは赤色）に歩いて渡りきれるようになってます。イギリスでは（方式によりますが）横断歩道の歩行者がいなくなったことを感知して信号が変わるので安全です。日本の信号は青が点滅したら走って渡る（または戻る）ようになっているので高齢者には不便です。

その上、信号を渡るのはおおよそ1秒に1ｍ歩くという前提でつくられています。[1] しかし85歳を超えると、男性は０・７ｍ、女性は０・６ｍしか歩けないのです。つまり1秒に1ｍ歩けません。[2] 理由としては、歩幅が小さくなることが一つです。[3] 歩幅を大きくすると速く歩けますが、体重の上下動が大きくなり不安定になって転びやすくなります。それなのに、「遅っせえなあ」「さっさと歩け！」と言われるのは、かわいそうな気がしませんか？

高齢者としてはできる限り、**信号が青でも途中で渡らずいったん赤になって再び青になるまで待って、青に変わったばかりの時から渡りはじめる**ことで、赤に変わる前に渡りきる可能性を高めることができます。

1秒にどのくらいのスピードで歩けるかを、一度確認しましょう。実際に横断歩道を渡ってみるだけでわかります。横断歩道の白線は太さが45~50㎝、白線の間隔も45~50㎝です。よって、白線と何も引いてない場所をセットにすると大体1mになります。

つまり、あなたの親や大切な人が**1セットを1秒で歩ききれている場合は大丈夫です。けれども、1秒で歩ききれていない場合は要注意**です。

超簡単スクワットとシルバーカーで速く歩ける！

1秒間に1m絶えず歩いていくためには、足の筋肉を鍛えて運動することも必要です。スクワットがいい方法ですが、「スクワットをしましょう」と言われるとちょっと引いてしまいますよね。イメージとしては森光子さんがやっていたスクワットを想像してください。アントニオ猪木さんとかがしている本格的なスクワットではなくて、軽くやる程度です。

具体的には、足を30度ぐらいに開きます。そしてイスに座って机に手を置いて立ちます。[4] これを5～6回繰り返します。つまり、**イスから立ち上がる動作**ということです。スクワットと言われるとしんどい感じがしますが、イスから立ち上がる動作と言われるなら、まあできそうではないですか？

簡単スクワットができなくても、解決策はあります。それは、**シルバーカーを使う**という方法です。シルバーカーとは高齢者がよく持っている押しながら歩くもの。荷物も入れて運べますし、座ることもできます。普段の外来現場でも歩くのがゆっくり、イスに座るにも「よっこいしょ」と言って時間がかかるような患者さんでも、シルバーカーを使うとすいすいと動く人が多いです。

普通に歩いたり杖をついて歩いたりする時と比べると、歩行スピードが18％速くなるという研究もあります。[5] 速くなる理由は、歩いている時に重心が安定することと、シルバーカーは車輪なのでエネルギーのロスが少なくなることです。

背が低い高齢者は、大切な臓器をやられやすい

なお、交通事故によるダメージは、年齢を重ねると急激に大きくなります。これは、高齢者のほうが体が弱っていることも関係しますが、**身長という要素も大きくかかわる**のです。

背が低いと、運転手から気づかれにくくなります。

また、低身長により骨盤の位置も低くなります。腰回りの骨である骨盤の周囲には、大切な臓器がつまっています。ですから、**骨盤を骨折するほど大きな事故に遭うと、命にもかかわります。**

普通の車（セダンなど）ですと、背が高ければ足に車が当たるため足の骨折をしやすいのですが、骨盤に当たることは稀です。しかし高齢者は身長が低いため、普通の車でも腰に当たってしまうので、重症になる率が上がるのです。

厚生労働省の「厚生統計要覧（平成28年度）」によると、[6]平均身長は30代の男性で171・5cm、女性で158・3cm。一方で高齢者は、男性161・9cm、女性148・3cmとなります。

そもそも高齢者は、信号機が見えない

信号を渡る時、高齢者がどこを見ているかわかりますか？　**高齢者は信号をあまり見ていません。転ばないようにと足元を見ているのです。**その上、**腰も曲がっています。だから信号を見上げるのは一苦労です。一休みして体を持ち上げないと見えません。**

さらには、**瞼《まぶた》まで下がっています。見える範囲（視野）の上のほうが見にくくなるので、信号も見なくなります。**[7]遠くからだと見えるのですが、近づくと見えないのです。瞼のさがりがなければ、上が45度以上見えます。

しかし、年齢を重ねて瞼が下がると次第に視野が狭くなります。30度程度になると信号機は７ｍ離れないと見えず、20度になってくると10・５ｍ離れないと見えません。[8][9]ですから小さな交差点では信号との距離が近くなり、赤信号を見逃します。

もし家族が食器など普段よく使うものを上に置かなくなったら、瞼が下がっているか疑ってみてください。実際に、高齢者の瞼を持ち上げてあげてみましょう。瞼が下がっていれば「あ、

すごい見やすい！」と感動してくれます。ちなみに、瞼が下がって視野が狭まると見にくいだけではなくて、肩こりや疲労の原因にもなってしまいます。

瞼が下がる眼瞼《がんけん》下垂《かすい》という病気は、眼科で取り扱うものです。信号を見逃した経験がある患者さんもやはりいて、危ないなと感じています。多くの眼瞼下垂の患者さんの手術をしてきましたが、皆さん「目が開いて見やすくなった」と口をそろえます。

瞼が下がってきていて上が見にくく信号を見逃してしまうということは、もちろん歩行中だけではなく、運転中にも起こります。[10] 瞼の下がりをケアしてあげないと、赤信号を無視して突っ込んでいってしまうかもしれません。

大事故を起こして多くの人を犠牲にしてしまいます。1人だけの問題ではないのです。

コンタクトレンズとメイクは、瞼が下がる原因になる

なるべく瞼が下がらないようにするためには、予防が大切です。**コンタクトレンズをしている人は、瞼が下がりやすいので要注意です。特にハードタイプが瞼が下がりやすい**ので、長い時間使わないようにしましょう。

また、かゆくて目をかくのを繰り返していると、瞼が下がってしまいます。女性の場合は、メイク落としの時に瞼をゴシゴシとこすることで瞼が下がりますし、まつげエクステで瞼が重くなり瞼が下がることもあります。**まつげエクステは極力使わないようにし、メイク落としはゴシゴシとせず優しく落とすことで防ぐことができます。**

定期的に瞼を上げる目の運動も有効です。**目をギュッとつぶってから大きく開けるというようにして、瞼を持ち上げるのです。**どこでも隙間の時間でできるので、1日10回程度を目指して行いましょう。

本格的な解決策としては、手術があります。余っている瞼の皮膚をカットして、上を見やすくするという治療法です。眼科と形成外科で行っていますが、まずは眼科で相談してみてください。

老化の正体【その8】

↓おばあちゃんは、日本の信号機を渡れるほど速く歩けない。

↓転倒防止のために足元ばかり見るから、信号機はほとんど見ない。

↓瞼が下がっているので、上方にある信号機が見えない。

↓腰が曲がっているため、歩行を止めて体を持ち上げないと信号機が見えない。

↓身長が低いため、交通事故で骨盤周囲の大事な臓器をやられやすい。

◎周りの人がしがちな間違い

・「チンタラしないで、さっさと渡れ！」とヤジを飛ばす
・老人は周囲を全く気にしないから、信号無視まですると思い込む
・「赤信号でも横断歩道がなくても、道路を渡っていれば車は勝手に止まってくれると老人は考えているんだろう」と決めつける

◎周りの人がすべき正しい行動

・横断歩道の白線と何もない部分の1セットとなる1mを、1秒で歩けているのかをチェックする
・車を運転する際は、身長が低くて見えにくい高齢者が道路を渡っている可能性も考える

◎自分がこうならないために

・コンタクトレンズ、特にハードは長時間使わないようにする
・目を強くつぶってから強く開けるという運動を、1日10回程度行う

・まつげエクステはできる限り使わない
・メイクを落とす時は、瞼を優しくこする
・スクワットで足を鍛える

◎自分がこうなったら
・信号が青になっていても、いったん赤に変わって再び青になるまで渡らずに待つ
・シルバーカーを使って、歩行速度を速める
・イスから机に手を置いて立ち上がるという超簡単スクワットで、足を鍛える
・瞼の下がりを治す手術を受ける

老人のよくある困った行動【その９】

指摘はできないが、口がそこそこ臭い。

Ｉさんのお母さんは若い頃から活発で、毎日お化粧もして身だしなみにも気をつけています。フラダンスが趣味で、最近ではダンスもうまくなり来月には発表会があるので練習にもますます熱が入ります。

Ｉさんのお母さんが「ねえ、ここの振り付け難しくない？」とお稽古仲間に聞くと、ちょっと顔をくもらせて「そうね……」と口少なに離れていってしまいます。最近、仲間との会話が徐々に減ってきています。「何か変なことしちゃったかしら？」と心配です。

孫も最近はちょっと冷たい感じがします。昔は「おばあちゃ～ん」と寄ってきてくれたのですが、小学生になってから距離を取られてしまうのです。年頃かな？と思っていますが、おじいちゃんや他の人には嬉しそうに近寄っています。

そんなことが続き、最近は毎日鬱々《うつうつ》としています。人と会話をするのも嫌になってきてしまいました。毎日のように出かけてはお稽古をしたりお買い物をしたりしていたのに外に出なくなり、夫に心配されて病院にかかったほうがいいと言われました。

口臭は自分では気づかないもの

高齢になると口が臭くなります。どんなに優しく接していても、満面の笑顔でいい話をしていても、口が臭いというだけで孫は逃げていってしまうものです。

とはいっても、家族も一応は年上にあたる高齢者の口臭をなかなか指摘しにくい。すると**高齢者は、「何となく避けられている気がする」「嫌われている」と思い込んで疎外感を感じてしまう**のです。

なぜ高齢者は口臭がするのでしょうか。

「おじいちゃんお口臭い」という入れ歯用製剤のCMが有名になったせいもあり、高齢者の口のニオイは入れ歯が原因と思われがちです。でも、**入れ歯だけではないのです。口臭は85%が口の問題で起こり、15%が胃などで起きます。**[1]**年齢を重ねることで口内の殺菌と洗浄の効**

果がある唾液が減るために、⑵口臭が発生しやすくなります。

口臭というのはたいていがずっと同じ状態でつきまとっているため、**自分では気づきにくい**のです。他人の家に入ると「独特なニオイがするな」と思うことがありますが、住んでいる人は気づいていないのと一緒です。

ですから「自分は大丈夫」と思いがちですが、60歳を超えると43％に口臭があることがわかっています。

そこでまずは、**自分の口臭をチェックしてみましょう。用意するのはコップだけ。**まず、コップの中に息を吐いて手でふたをします。次に、新鮮な空気を鼻から吸って、「ハーッ」と息を吐きます。そして、コップに入れた空気を鼻から吸いましょう。さて、ニオイはどうでしょうか？

どんなにきれいでもかわいくても性格がよくても、口が臭いと顔をそむけたくなってしまうことがあります。私は小さなトイプードルを飼っています。非常にかわいく、なでると尻尾を振って喜んでくれます。散歩も楽しそうで家に帰ると喜んでくれます。しかし口臭がひどくなった時がありました。顔をなめようとしてくれて愛情表現をしてくれますが、かなりニオイがきついので顔を遠ざけてしまうぐらいでした。

歯周病や虫歯が口を臭くし、歯を支える骨を溶かす

口臭の原因の85％が口の問題で、高齢になると唾液が減って口臭を引き起こします。肌がカサカサと乾燥するように、口の中もカサカサしてくるのです。

唾液は消化を助けるだけではなく、口の中の汚れを流してくれます。乾燥してしまって唾液が少なくなれば、口の中の汚れが流れなくなります。汚れがたまってしまい、ニオイが発生するのです。

また、舌に舌苔《ぜったい》というものがあります。ベロをべーっと出すと表面が白く（もしくは黄色く）なっている所が舌苔です。定期的にきれいになっていくものなのですが、**唾液が少なくなると舌苔も汚れてしまい、ニオイを発生させます。口の中の汚れが落ちなければ歯周病菌・虫歯菌も抑えることができず、さらにニオイが強くなります。**

特に問題になるのは歯周病です。歯周病は40歳を超えると8割の人がかかっています。3）

軽いうちは歯茎が軽く炎症を起こす程度なので、あまり症状がありません。しかし進行すると、歯磨きをして歯茎から血が出ます。さらには、口の中がかゆくなってきます。高齢になると唾液が少なくなり、汚れも落とせず歯周病菌も落とせず、歯周病が悪化するのです。

では、歯周病によってどのようにしてニオイが発生するのでしょうか。歯周病菌は、口の中にある食べカスを溶かしてガスを発生させます。硫化ガスといって、温泉と同じガスです。**よく「卵の腐ったニオイ」と例えられる悪臭が発生するのです。さらに歯周病が悪化すると、歯を支えている骨まで溶かしてしまいます。**

歯ブラシと歯磨き粉だけでは、歯はきれいにならない

解決策として、歯磨きが大切です。ただ、歯を磨く時は多くの方が歯ブラシだけ使っていると思います。**歯ブラシだけではなく、デンタルフロスといって糸のようなもので歯の間に詰まったものを取ることも大切**です。偉そうに言っていますが、私もあまりデンタルフロスは使っていませんでした。歯ブラシで歯を磨く。それだけでいいと思っていたのです。でも、歯医者の友人などがこまめにデンタルフロスを使っているので、反省して使うようになったのです。

フロスは慣れるまでは面倒なのですが、慣れてくると歯の間の汚れがきれいに取れて気持ち

よくなります。今では旅行先などでデンタルフロスを忘れると、何だかすっきりしないなと思うほどになりました。まだ使われていない方は、デンタルフロスをぜひお試しください。歯と歯の間や、歯と歯茎の間に詰まったカスを残しておくとガスを出してニオイが出てしまうので、臭くなる前からきれいにしましょう。

また、**細かく刻まれた料理は口の中にとどまりやすいです。高齢になると喉に詰まらないように細かく刻みますが、こういったものを食べた後こそ、歯磨きやうがいを徹底しましょう。こまめに水分を摂る**というのも、後ほど詳しく触れますがガムを噛んだり、よく噛んだりするのと同じように有効な方法です。

その他の方法としては、舌のクリーニングを聞いたことがないでしょうか? 舌からもニオイが発生するために、舌のクリーニングを定期的にするのも有効な方法とされています。[4]ただし、やりすぎで逆に舌が悪くなってしまう人もいて、なかなか難しく賛否両論あるようです。私もうまくできないし下手にやってしまうのも怖いので、舌のクリーニングまではしていません。「優しく軽く」が基本のようですが、気になる場合は歯医者さんに相談してみてください。

「私は入れ歯だから、虫歯とか関係ない。だから、20年も歯医者に行っていない」と自慢する高齢者もいます。けれども、**入れ歯であろうと不潔にしていれば口臭は発生します。**

入れ歯は、使っていれば次第にすり減ります。いくら洗浄液に浸していても、すり減った隙間にたまった汚れは落ちにくいものです。入れ歯でも、普段からこまめに手入れしないと口臭が強くなってしまいます。

それに、**口の中は入れ歯だけではありません。口の内側全般もきれいにしておかないといけません。**

唾液腺をマッサージすれば唾液が出やすくなる

唾液が分泌される唾液腺《だえきせん》をマッサージして（P126の図3）、唾液を出しやすくするのも有効な方法です。[5] 唾液腺は三つあります。

一つ目は、耳下腺《じかせん》。耳の前で奥歯のあたりにあります。指全体でさすってから、10回押します。

図3　唾液腺マッサージ

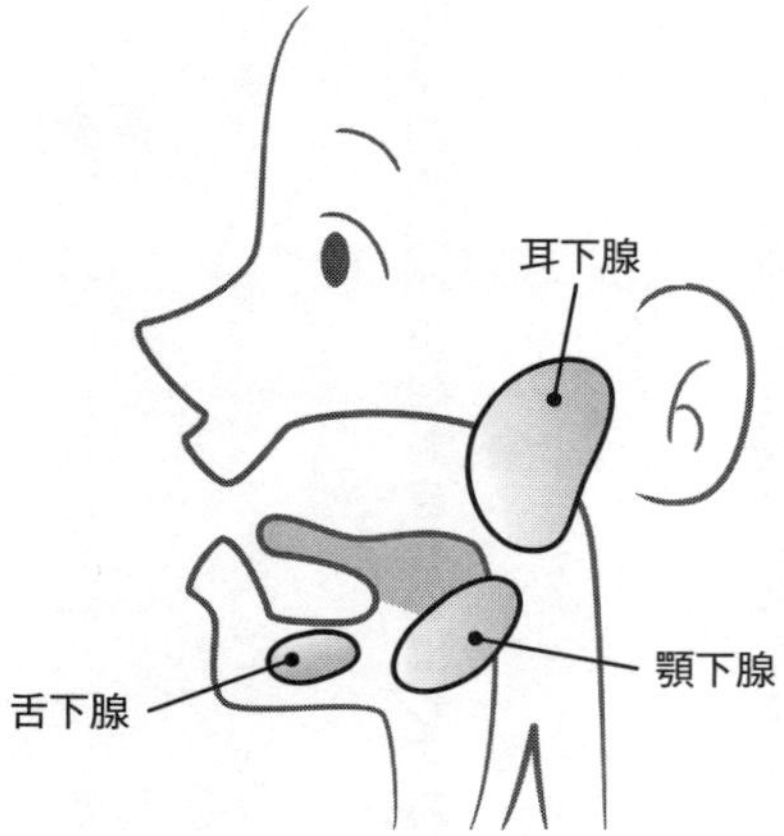

唾液腺の分布

二つ目は、顎下腺《がっかせん》。顎の下にある柔らかい部分を、指全体で10回押します。
三つ目が、舌下腺《ぜっかせん》。顎を突き出した先の下側です。ここを親指で10回押します。
どこも押しすぎないように、優しくしましょう。**食事前にマッサージすれば唾液の分泌が促進されて、口臭が減るだけでなく、消化がしやすくなるため食事がいっそう美味しくなります。**

酸っぱいもの、果物、うまみ成分もお勧め

唾液を出しやすい食べ物はレモン6)**や梅干し**です。レモンを食べるシーンを想像してみてください。口からジワっと唾液が出る感覚があると思います。酸っぱいという感覚が、唾液の分泌を促進してくれるのです。

果物には、口臭予防にうってつけのものがたくさんあります。パイナップルと**パパイヤ**には、タンパク質を分解する「パパイン」という酵素が含まれています。パパインは口の中のタンパク質を分解して、ニオイを抑えてくれます。**キウイフルーツ**に入っている「アクチニジン」も同様の効果があります。

天然の歯ブラシともいわれているのがリンゴです。リンゴは酸味もあるので唾液が出やすく、

噛んだ際に歯をきれいにしてくれる食物繊維も豊富です。リンゴのポリフェノールも口臭に効果的です。

フルーツだけではありません。うまみの成分であるグルタミン酸というものがあります。だしの中に含まれているものです。美味しいグルタミン酸は唾液を増やしてくれるので、だしがとれた料理を食べることは口臭予防に有効です。そして**食事の最後に緑茶を飲む**と効果的です。[7]

飴やガムを口にする。噛む回数を数える

唾液を増やす方法としては、飴やガムを口にするのもお勧めです。

「飴ちゃんいる？」と言って飴を勧めてくる人や、飴を絶えず持ち歩いている人がいます（特に関西のおばちゃんですが）。口の渇きを抑えるために飴が必需品になっているのです。ガムのほうが、歯周病のことも考えると効果的です。ただし、歯にひっつきやすいなどでガムが苦手な方もいらっしゃるでしょうから、そういった方は無理をせず飴を選びましょう。

固いものを噛んで食べることも、同じように唾液を増やしてくれます。[8] スルメが真っ先に思いつくかもしれませんが、スルメが食べられるには歯が20本以上ある場合に限られます。

それ以下の場合は、噛み切るのになかなか苦労します。**煎餅《せんべい》でしたらいろんな硬さがありますから、ちょうどよい硬さを選ぶことができます。**

普段の食事では、固いものが減ってついつい柔らかいものが増えてきます。これまではキンピラゴボウであったものが、ひじきのおひたしに変わったり、柔らかめのものへとついつい変えていきます。噛む時に唾液の分泌がされるので、柔らかいものを食べていたとしてもよく噛むという習慣が大切です。

でも、よく噛みましょうと言われても、実行し続けるのは難しいかもしれません。であれば、**噛む回数を数えると効果的**です。すると1、2回しか噛まずに飲み込んでしまっていることに気づき、「もっと噛まないとな」と思うことも増えます。これで、意識的に噛む回数を増やせます。

口呼吸が多いほど口は臭くなる

呼吸の仕方も、口の乾燥に影響を与えます。あなたは今、鼻から息を吸っているでしょうか？　口から吸っているでしょうか？　**口から息を吸うことが多いと、口臭がきつくなってしまいます。**

鼻から呼吸すれば、鼻を通ってから口、そして肺のほうへと空気が流れていきます。空気が乾燥していても、いったん鼻を通ることで空気に湿り気が生まれるので、口はあまり乾燥しません。

一方、口で呼吸してしまうと、空気が直接口に入ります。すると口が乾燥しやすく、口の中がネバネバとしてしまいニオイも強くなります。よって、**普段から鼻呼吸を心がけるとよい**です。

とはいっても、私もついつい口から呼吸をしてしまいます。アレルギー性鼻炎なせいか、鼻が詰まって口から息をしてしまうのです。アレルギーは薬などでちゃんと対応すれば、鼻から息が吸いやすくなります。

それ以外にも、興奮したりイライラしたりすると、口から呼吸をしてしまいます。そういう時こそ、**意識的に鼻からお腹の中いっぱいに息を吸って口から吐きます。最初は慣れないですが、慣れてくると無意識にできてきます。**

横向きに寝たり、加湿器を使ったりすれば口の乾燥が防げる

寝ている時は口呼吸をしやすいです。特に、いびきをかく人は要注意です。私の父は口呼吸でいびきをかいていました。すごいいびきで、母も昔から悩まされていました。

以前までは、いびきは仕方がないものだと思っていました。でもある日、いびきの治療というのがあることがわかりました。空気を送り込むという治療法なのですが、早速父に勧めました。すると、いびきはなくなりました。

一番喜んだのは母です。父もいびきがなくなり、口臭がしなくなりました。しかも夜によく寝られるようになったので、昼ご飯の後に眠くなっていたのが減ったのです。

私の父はすごいいびきだったので、病院に行って治療をするほどでした。そんなにひどくない、いびきまではかかないけど口呼吸になってしまうという程度でしたら、**横向きで寝るとよい**です。上向きに寝ると、首回りに脂肪が多い人や顎が小さい人は空気の通り道が閉鎖されます。それで、どうにか空気を通そうと口から呼吸をしがちになってしまうのです。

仮に口から呼吸をしてしまっても、部屋の湿度が保たれるように**加湿器を置くのもよい方法**です。私も寝る時は、なるべく加湿器を使うようにしています。

ホテルなどに泊まる場合は、**濡れたタオルをかけておいて湿度を保つ**ようにしておきます。

朝になるとタオルはカラッカラに乾いていますが、このくらいあなたの口も乾燥してしまうということなのです。

口臭は85%が口からですが、残りの15%は胃などから発生しています。

胃の中で活動するピロリ菌も、口臭に関連するといわれています。[9] ピロリ菌により胃潰瘍《いしゅよう》やガンが起きるともいわれているので、**ピロリ菌の除去は口臭対策だけでなくガン予防になります。**気になる方は、一度医師と相談するといいでしょう。

老化の正体【その9】

⬇唾液の分泌が減るので、口が臭くなる。

⬇自分の口が臭いことに気づいていない。

◎周りの人がしがちな間違い

・口が臭いのに、我慢して何もしない

◎周りの人がすべき正しい行動

・歯科受診を勧める

◎自分がこうならないために

・コップを用意して、口臭をチェックする
・飴やガムを口にする
・歯磨きだけでなく、デンタルフロスも使って歯をしっかり洗浄
・入れ歯であろうと、歯も口もきれいにしておく
・こまめに水分を摂る

・噛む回数を増やす。噛む回数を数えるだけでも効果あり
・硬いものを食べる。硬さが選べる煎餅がお勧め

◎自分がこうなったら
・唾液腺をマッサージする
・鼻呼吸を心がける
・寝る時に口呼吸になる人は横向きで寝る
・就寝時には加湿器を使う、もしくは濡れたタオルを部屋にかけておく
・興奮気味の時は、鼻から大きく息を吸って腹に空気を入れ、口から吐く
・ピロリ菌を除去する

老人のよくある困った行動【その10】

約束したのに「そんなこと言ったっけ？」と言う。

Jさんは法事があって、親戚と台所で食事の準備をしていました。ちょうどその時、親戚の叔父《おじ》さんが近所に買い物に行くというのです。

Jさんが「お醤油が切れそうなので、買ってきていただけます？」と伝えると、「ああ」と言って笑顔で叔父さんは出ていきました。

でも戻ってくると、叔父さんが手にしているビニール袋の中味は、ビールとおつまみのスルメイカだけ。醤油はありません。叔父さんに「あの、お醤油は……？」と聞くと、「醤油が、どうかしたの？」と完全に忘れているようでした。

さらに、別の日のことです。その親戚の叔父さんも誘って、久しぶりに外食でもしようとなりました。みんなでワイワイと相談して1月8日の18時に集まることとなりました。けれども当日、叔父さんは来ません。場所がわかりにくかったのかな？と思い叔父さんの携帯電話に電話してみると、「あ、今日だったっけ？」と……。完全に忘れているようでした。

話を忘れていたのではなく、話が元々聞こえていなかっただけ

高齢者と話していると、とっても聞き分けよく「うん、うん」と聞いてくれているけれども、待ち合わせをしても来ないし、約束も守らない……。なぜでしょうか？　特に家族何人かで話している時や、みんなで決めたはずの約束が守られないのです。

これは、忘れているということもありますが、そうではなく**聞こえなかったということも大いにあり得るのです。「年を取りすぎて、記憶力が弱っているだけ」とすぐに片づけてしまうのはよくないことです。**

例えば診察で、「明日から目薬は1日4回さして、顔や頭は手術後なのでまだ洗わないでくださ い」と高齢の患者さんに伝えると、「はい」と言ってくれます。そしてすぐに、こう質問されるのです。「ところで、頭はもう洗っていいですか？」これは、忘れたというよりも私の言ったことが聞こえていなかったのです。

またある時は、全く同じことを伝えても、「はい。まだ洗わないでおきますね」と言ってく

れるものの、夕方に病棟に行くとジャブジャブと顔を洗っている。「ちょっと、顔洗っちゃダメですよ」と私が言うと、「え、顔洗っちゃいけないの？」と。これは先と違い、記憶がなくなっているケースです。

前者のような時こそ、「年寄りはすぐに忘れるから」と片づけないほうがいいのです。聞こえをよくすると記憶もよくなります。聞こえがいいほうが頭に入りやすいので、記憶力が８％上がることもわかっています。[1]

「いきなり口に食べ物を詰め込まれた」と怒る老人

テレビがついていたりＢＧＭが流れていたりなど**雑音がある時に会話をしてしまっても、聞き取りにくくなります。** 雑音がある状況での聞きにくさは、若い人より高齢者のほうが強いという研究があります。[2] 介護施設などでは、「何も言われず、いきなり口の中に食べ物を詰め込まれた」と、高齢者から言われるそうです。実際は介護者が「では、ご飯お手伝いしますね」と声をかけているのですが、雑音の中であることを忘れてスッと口に食事を運んでしまいます。

しかも介護者は、高齢者の姿勢を見張ったり他の高齢者から話しかけられたりなどで同時にいろんな作業をすることも多いので、食事の世話をしている高齢者に**面と向かって話せないことも多いため、食事中の高齢者は「自分に言われているとも思っていない」**のです。「説明したつもり」でも、高齢者には「説明が届いていない」ということになります。だから「急に食べ物を詰め込まれた」「無理やり服を脱がされた」と勘違いしてしまいます。

大人数で会話する時も伝わりにくい

高齢者の場合は会話、**特に大人数での場合に聞き取りにくいということがあります。**[3] 何人かいると「今は誰が誰に向かって話しているか」という声の方向性がわかりにくくなります。[4]

ですから友人同士で集まっていて、「最近体の調子は悪くない？ 私、最近膝が痛いんだけど」と言っていても、「あれ、自分に言っているのかな？」「違う人かも、それに今言ったのは山田さん？ 佐藤さん？」とわからなくなって、無視してしまうことも。悪気があるのではなくて「そもそも自分に話しかけられていない」と思うことがあるのです。

私は以前、手術が終わると「手術終わりましたよ」と患者さんの後ろ側から声をかけていました。でも目の前には看護師さんもいますし、手術助手もいます。すると患者さんが高齢の場合、「看護師や手術助手に言っているのかな？」と思って全く聞こえていないかのように無表情になることがありました。

そこで目の前に行ったり肩を叩いたりしてから「手術終わりましたよ」と言うと、「あ、自分に話していたんだ」と気づいて、満面の笑顔で「ありがとうございます。声をかけていただいて安心しました」と言ってくれます。

さっきと**声のトーンも大きさも一緒なのに「自分に声をかけられている」というのがわかることで言葉を認識しやすくなるのです。**

以上から、**話しかける時はできる限り雑音を減らす。そして真っすぐ相手に向いて、自分が話しているということを示す。これが大切**です。その上で、話し方や話す内容によって伝わり方が変わります。

横文字や略語は使わない。文は短くする

では、話し方や話す内容はどういうことを気をつければいいのでしょうか。

まずは、**言葉をなるべく簡単にする**ことも、高齢者に伝わりやすくするコツです。**特に横文字や略語・専門用語には注意してわかりやすくしましょう。**

例えば「ガラケー」という言い方は、たいてい通じません。「携帯電話」と言えば通じます。若い人は、略語や横文字を使ってしまいがちです。それどころか、横文字だという意識もありません。「前向き」と言わず「ポジティブ」と言ったり、「上着」でいいのを「ジャケット」と言ったり。テレビやネットばかりを見ていると、日本語表記がわからなくなってしまいます。

新聞では、横文字をなるべく排除して日本語表記にしています。高齢者は新聞を読み慣れているからこそ、日本語表記のほうがなじみがあります。一度新聞をじっくり読んでみてください。「モチベーション」「コンセンサス」などが高齢者には通じないことがわかるはずです。

業界用語に至っては、年代にかかわらず通じないこともあるので控えましょう。医者はつい使ってしまいます。医者の私も「オペをします」ではなく「手術をします」と言うように気をつけています。

文を短くすると、さらに伝わります。「明日は一緒にそばを食べに行くから新宿の西口に10時に集まって食べに行きましょう」だと長すぎます。高齢者は「そばを食べに行くこと」は覚えているけれども、「何時か」や「待ち合わせ場所」は完全に忘れてしまう可能性があります。

そこで、区切って説明します。「明日はそばを食べに行きましょう。待ち合わせは新宿の西口でいい？　10時でいい？」とすると、高齢者は聞きやすくなります。

さらに、場所や時間など大事なことは**その都度答えてもらってから次に進めれば、いっそう覚えてもらえます。**そこで

自分「明日はそばを食べに行きましょう。待ち合わせは新宿の西口でいい？　他がいい？」

高齢者「西口でいいよ」

自分「時間は10時でいい？　11時？」

高齢者「10時で大丈夫だよ」

と進めれば、高齢者も忘れにくくなります。

筆談も有効。方言も意識しておくといっそうよい

「書いて相手に伝える」という方法も、お勧めです。眼科医の私の場合ですと、高齢の患者さんに目薬の回数を説明して「えっと、何回でしたっけ？」となる場合には、「ムコスタ点眼液を両目に１日４回」というように紙に書いて渡しています。

「書くなんて当たり前」と思いがちですが、普段から高齢者に接し慣れていないと「書けばすぐ伝わる」ということがパッと頭に浮かばず、大声を出して何度も怒ってしまいます。普通の人では、5％しか筆談を思いつかなかったという研究もあります。5）

普段と言葉の抑揚《よくよう》（イントネーション）が違うと、それだけで伝わりにくくなるということもわかっています。6）

なまっている人の話は聞き取りにくいとあなたは感じるかもしれませんが、逆も成り立ちます。その地方の抑揚で話さないと聞き取りにくいのです。関東で育った私が、山形県の病院に勤務した時の話です。私が高齢の患者さんに何かを言っても、なかなか伝わりませんでした。結局、地元育ちの看護師さんが通訳して伝えてくれました。

そこで、地元のラジオやテレビを視聴すると**私も方言を多少話せるようになって、高齢者に伝わりやすくなりました。**もちろん現地の人とは抑揚はまだまだ違うので、「なんか変だな」とは思われますが、それでも伝わる確率はだいぶ上がりました。

方言まで習得するとなるとハードルがだいぶ高くなりますが、どうしても伝えたいと思う相手、思いがあるのなら方言をラジオやテレビで聞いて慣れることも覚えておくと便利です。

聞こえたふりをすることがある

聞こえていなければ「聞こえないからもう一度言って」「聞き取れなかった」と、高齢者が言ってくれると、多くの人が信じています。けれども**高齢者は、ついつい聞こえているふりをしてしまうのです。特に大人数で話している時は、「自分だけが聞こえなかったといって、会話の流れを止めたくない」という思いがあります。**

「明日は渋谷でいいよね」「うん大丈夫よ、何着ていこうかしら」「懐かしいわね、今もあの店変わらないかしら」とみんなが口々に言っている中、「聞こえなかったから、もう一度どこ行くか教えて？」とは言えないのです。

雑音がある時は特に、何度も聞き返してしまうことになります。「それでさ、この前箱根に行ってね」「え、何？」「いや、だから箱根に行って」「うーん、どこ？」「もういいや、大した話じゃないし」というように、気まずい雰囲気で会話が終了します。高齢者にはこういう経験があるので、大人数の時や雑音がある時は特に、聞き取れなくても聞こえたふりをしてしまいます。

名前は必ず入れて話そう

話をしっかりと聞くには、**きょろきょろと見回すことが効果的です。顔を動かすことで右耳と左耳の位置関係が変わり、会話がわかりやすくなります。耳の所に手を当てると、より効果的です。**

自分で話す時に相手の名前を入れて話す方法も有効です。4人で話している時に「最近体調はどう?」というよりは「山本さん最近体調はどう?」というように名前を入れるようにすると、だんだんみんなが会話のきっかけに名前を入れてくれるようになります。

電話での会話が聞き取りにくくなったら、FAXやメールを使うのが便利な方法です。FAXであれば言ったことをメモしなくていいし、文字も大きく書けるので重宝します。メールの場合はパソコンや携帯などいろんな所から送信できるので、便利です。

ガヤガヤした番組を観ましょう

聞き取りにくくならないようにするには、楽器の練習をすることが効果的だとわかっていま

図4　魚100g中に含まれるオメガ3脂肪酸

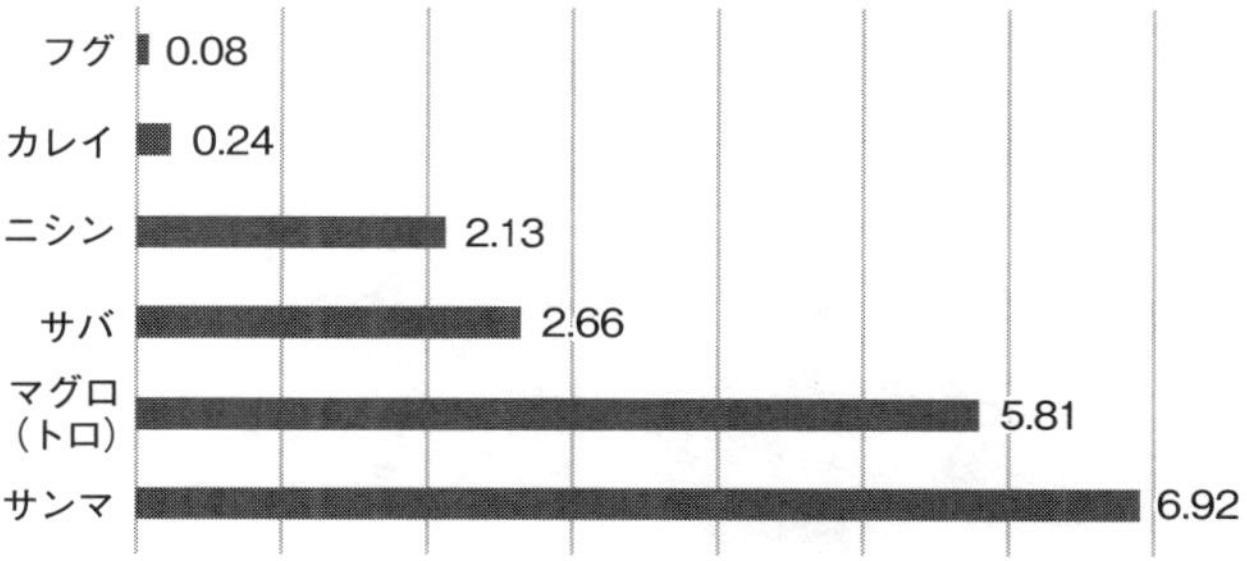

「日本食品標準成分表 2015 年版（七訂）」より

す。[7] 練習をすることで、会話の中での聞き取りがうまくなることがわかっているのです。音楽を聞くだけよりも、演奏のほうが効果的です。

先ほどは「伝える時は雑音がない環境で」と解説しましたが、**聞き取りの訓練では、あえてテレビなどでも多くの人が早口でどんどん話す番組を観るのが有効**となります。

質がよい油とされる**「オメガ3脂肪酸」**も、**耳にはいい**ことがわかっています。[8] オメガ3脂肪酸を含む食材で有名なのは、青魚、クルミ、アマニ油。これらの中でも青魚が特に、普段から食べる機会をつくりやすいです。

なお、**一般的に「魚がいい」と単純に考えられてい**

ますが、そうではなくて「青魚」です。イワシ、サバ、ニシンなどには多くのオメガ3脂肪酸が含まれています。一方でフグやタラ、カレイなどの白身魚にはあまり含まれていません（P145の図4）。

老化の正体【その10】

⬇忘れたのではなく、最初から聞こえていなかったことも多い。

⬇雑音があると、聞き取りがかなり悪くなる。

⬇大人数での会話も苦手。

◎周りの人がしがちな間違い

・何度も大声で話しかける
・言ったから大丈夫だと思い込む

◎周りの人がすべき正しい行動

・相手を真っすぐ見て話す
・肩を叩いてから話すなどすれば、いっそう自分が話しかけられていると思ってくれる
・うるさい場所を避ける
・質問して確認しながら、話を進める
・横文字、略語、業界用語を避ける
・高齢者に通じやすい日本語を知っておくために、新聞を読む
・文は短くする
・高齢者の方言を知っておく

◎自分がこうならないために

- 多くの人が早口で話すようなガヤガヤとした番組を観る
- オメガ3脂肪酸を摂るために、青魚、クルミなどを食べる
- 楽器の練習をする

◎自分がこうなったら

- 耳に手を当てる
- 相手の名前を言ってから話す
- 周囲をよく見回しながら話を聞く
- FAXやメールを使う

第4章

見ていて怖い、心配……

老人のよくある困った行動【その11】

自分の家の中など、「えっ、そこで!?」と思うような場所でよく転ぶ。

Kさんの実家は一軒家で3階建てです。1階は駐車場があり物置があるぐらい。2階にはリビングやキッチンやトイレがあり、3階は寝室です。Kさんは実家に帰った時は、リビングに布団を敷いて寝ます。

Kさん「2人とも年を取ったし、階段もきついでしょ。今後どうする?」

母「大丈夫よ。まだまだ足腰しっかりしてるし」

Kさん「そうかなあ。今度相談しましょ。今日は寝るね、お休み」

そう言うと、リビングの電気を消しました。父と母は3階に行きました。Kさんは布団に入りながらスマホを見ていると、いつの間にか時間が過ぎてしまいました。Kさんが寝ようとしたその時、「ガダン!　ドカッ」。鈍い音がしました。何だろう?　そう思ってKさんが部屋を出ると、そこでは母がうずくまっています。
Kさん「お母さん、大丈夫!?」
母「大丈夫よ、転んだだけだから」
Kさん「もう。しょうがないんだから、つかまって」
手をつかんで起き上がらせようとします。母も起き上がろうと両足をつきます。
母「痛い、ちょっと待って」
母はうずくまって、次第に顔が白くなっていきます。Kさんは焦り、救急車を呼びました。

高齢者の事故現場で最も多いのは家の中

高齢者の事故の中で最も多いのは、外ではなく家の中です。独立行政法人国民生活センターの報告によると**高齢者の事故のうち77・1％が家庭内で起こっています**。[1]さらに、**65歳以上は2倍大きな事故になります。**なぜなら、筋肉・骨が弱くなるからです。

家庭内で起きる事故で多いトップ2は、転落（30・4％）、転倒（22・1％）。つまり半分以上は、転ぶという事故なのです。特に階段で転んでしまうと危険で、**最も骨折が多いのは階段での転倒**です。[2]

足の骨折というと松葉杖をついて生活するのを想像するかもしれませんが、若い人の骨折と違い、高齢者の骨折はもっと深刻です。**要介護4、5という多くの介護を必要とする状態の原因は、認知症・脳卒中の次が骨折**です。3）

足の骨折は、若い人ですと足の長い骨の骨折が多いのですが、高齢者の場合は大腿骨頸部骨《だいたいこつけいぶこつ》折《せつ》という足の付け根の骨折が多くなります。高齢者がこうなってしまうのは、骨が弱くてスカスカになる骨粗鬆症《こつそしょうしょう》になりがちだからです。しかも大腿骨頸部骨折は、松葉杖で歩くことも困難になり、人工の関節手術が必要で、寝たきりのきっかけとなる代表的な骨折でもあります。

高齢者が家の中で転ぶというのは、寝たきりにもつながる一大事と心得て、転倒防止につとめるのが大事なのです。

片足立ちをしてみるだけで、転びやすいかがわかる

高齢者が階段などで転びやすい原因は何でしょうか？　それは、**「重心（バランス）」と「目」が大きく関係します。**

高齢になると、重心は不安定になります。20・30代と比較すると60代で20％バランスを失い、70代では41％、80代以降では80％バランス能力を失います。4）

しかも高齢者は若い人と違い、軽く前傾するだけで重心が不安定になります。さらに高齢者は階段の上り下りでは前傾しがち、つまり重心をくずしがちとなり、よく転ぶのです。前傾がダメだからといって反り返ったとしても、今度は滑って転びやすくなってしまいます。前傾も反るのも危険なのです。年を取ると難しいかもしれませんが、階段でもどこでも重心を安定させて歩く癖を身につけるのが大事となります。

一度、重心がどのくらい保たれているのかをチェックしてみましょう。目を開けたまま、片足立ちを何秒間できるのかを調べるだけと、とても簡単です。15秒以上なら重心は問題ありませんが、15秒未満なら重心は不安定でかなり転びやすい状態です。[5]

ちなみに**このチェック法は、トレーニングにもなります。**片足立ちが何秒我慢できるかを毎日繰り返しているうちに、バランスがよくなってくるからです。ただあまり無理をすると転ぶことがあるので、トレーニングで事故という本末転倒なことにはならないようにしてください。

重心はとても重要ですが、注意が届きにくいかもしれません。重いものが持てなくなる場合は、人は徐々に荷物を軽くしていきます。歩くのが疲れてくれば、次第に歩行距離を短くします。けれども重心が不安定になってきても、階段などバランスをくずしやすい場所に行かないわけにはいきません。ですから階段で急に転んで、そのまま寝たきりになることが多くなります。

目も、高齢者の転倒に大いに影響を及ぼします。年を取ると目が見にくくなりますが、階段などを踏み外してしまうのです。

目は転倒防止において、とても重要です。先ほど、目を開けて15秒以上片足立ちできるかトライしていただきましたが、次に、目をつぶって同じように片足立ちをしてみてください（これは本当に転びやすいので、絶対に無理をしてはいけません）。すると、10秒ももたない人が多いでしょう。**人間は目というものを使って自分の位置を確認しながら重心を安定させている、**ということがおわかりになったと思います。

遠近両用メガネが転倒を招く

高齢者の転倒で目に関係することとしては、「遠近感」「メガネ」「光」が主な要素となります。

まず遠近感ですが、年齢とともに衰えます。**近く・遠くの判断がしにくくなる**のです。そのため階段を踏み外しやすくなります。

次にメガネですが、よく見えるようにするメガネが何で？と思うかもしれません。高齢者は遠近両用のメガネを使うことが多いのですが、**遠近両用が転倒の原因となります。**遠近両用メガネはレンズの下を覗き込むと近くがよく見えて、上を見ると遠くがよく見えるようになっています。これは、読書などで近くを見る時は目線を落とすことが多いからです。

この設定が、階段を下りる際に困ります。高齢者は転倒を気にしていますから下をよく見て歩きますが、**これから足を伸ばすもう一つ下の段は、遠近両用で近くにピントが合っているとぼやけますので、転びやすくなる**のです。そこで**顎を引いて下を見るという癖をつけましょう。**

それから高齢者は、**暗い所を見るのが苦手**です。20代ですと瞳孔の面積は15・9㎟程度ですが、70代になると6・1㎟と半分以下になります。[6] そのため、2倍明るくないと見えないともいわれています。階段は暗くて影が多い場所ですから、高齢者は階段で転びやすくなります。

最近はオシャレになるという理由で、間接照明で一部だけを灯して全体的に暗くすることが増えているかもしれません。でも転倒のリスクを考えれば、**電球を明るいものに変えたり、ライトを追加したりするほうがむしろいい**です。**夜間にトイレなどで行き来が多いのであれば、つけっぱなしにするのも一つ**です。電気代をケチって骨折するなんて、もったいない話ですから。

手すりをつけるのもお勧めです。手すり、階段、壁の全部にいえることですが、**つるつるした素材よりはざらざらした摩擦力のある素材のほうが、滑りにくいのでよい**です。滑り止めの色は階段が茶色なら白色というように、色に差があるほうがいいです。この滑り止めを頼りに、階段の上り下りをしてください。[7]

カルシウムを摂っただけでは骨は強くならない

先ほど、高齢者は骨が弱いため、転倒で骨折しやすいとお話ししました。弱さの指標としては、骨の強度を示す骨密度があります。年を取ると骨がスカスカになってしまうので、骨密度は減ります。

骨密度低下を予防するには、カルシウムを1日650〜700㎎摂ることが推奨されていま

す。[8] じゃあサプリメントで摂ればいいか、というとサプリメントでは心筋梗塞になりやすいリスクがあります。サプリメントですと血液中のカルシウム濃度が急激に上がるため、体に負担がかかってしまうからです。**食事で摂取しましょう。**どうしてもサプリメントを使いたい場合は、1回にカルシウムを500㎎以上摂らないようにする必要があります。

骨というとカルシウムばかりに目が行きがちですが、**骨をつくるにはビタミンD、ビタミンKが不可欠**です。ビタミンDは5・5μg、ビタミンKは150μg摂る必要があります。[9] ビタミンDやビタミンKは実際に処方薬としても出されるぐらい重要です。

ビタミンDは、腸でカルシウムを吸収するのに必要です。**ビタミンDの含まれる食べ物としては、鮭**が有名です。ビタミンKは骨をつくるための骨基質タンパク質の一つであるオステオカルシンに必要となります。**小松菜やほうれん草**がお勧めです。

一方、**骨を強くするために避けたほうがよいのはリンが多い食品。清涼飲料水や加工食品の一部が該当しますので、これらをあまり口にしないほうがいい**です。

老化の正体【その11】

⬇事故の8割近くが、家の中で起きている。

⬇骨が弱っているので、転倒でも骨折する可能性が大きい。

⬇遠近感がつかめない。

⬇暗い場所がよく見えない。

⬇遠近両用メガネのせいで転びやすい。

◎周りの人がしがちな間違い

・すぐに転ぶし、なんで住み慣れた家の中で？とあきれる

◎周りの人がすべき正しい行動

- 「単に転ぶだけ」ではなく「転んだら一大事」と心得る

◎自分がこうならないために

- 目を開けたまま片足立ちをしてみる。15秒もたなかったら重心が悪いと肝に銘じる
- 片足立ちのトレーニングをする。ただし、無理のない範囲で
- 目をつぶって片足立ちをして、目が重心を担っていることを一度実感する
- カルシウムを摂る
- ビタミンDとビタミンKも摂る
- リンを避ける

◎自分がこうなったら

- 照明を明るくする
- 夜間に電気をつけっぱなしにすることも視野に入れる

・階段で遠近両用メガネをかけている場合は、顎を引いて下を見る
・手すりをつける

老人のよくある困った行動【その12】

お金がないという割に無駄遣いが激しい。

Lさんが実家に帰ると、大きな羽毛布団が置いてありました。
Lさん「これどうしたの？」
母「買ったのよ」
Lさん「えっ、これ誰も使ってないいんじゃない？　いくらしたの？」
母「うるさいわね」
テーブルを見ると、「49万7800円」と書かれた領収証が。まさか、コレ……!?　年金暮らしの母が買えるような値段ではありません。
テレビも新しくなっています。
Lさん「テレビも買ったの？」

母「そう。観やすいでしょ？　9万8000円で買ったのよ。安いでしょ」
ネットで調べてみると6万円で売っている商品を、その値段で買ったというのです。
Lさん「ネットだと6万円で買えるよ。高いよそれ」
母「私が買ったんだから、いいでしょ！」

選ぶ楽しさよりも、長年使ったものへの安心感を好む

「大掛かりな浄水器が設置されている」「いつの間にか、家のリフォームを決めている」など、高齢者はある日急に高額なやりとりをしていることがあります。

家電商品にしても、ネットで調べれば同じものがもっと安く売っているのに、数万円も高く買っているのです。「そんなもったいない買い物を……」と周囲は思います。

なぜ高齢者は、高いものを買ったり発注したりしてしまうのでしょうか？


高齢になって高いものを買っている人を見ると、若い人は「情弱（情報弱者といって、あまり情報を持っていないという意味）」とか「認知症で思考力が落ちている」と考えています。

でもこれは表面的な見方です。**本質的には「判断」「記憶」「移動」のすべての問題が関係し**

ているのです。結果として買い物の仕方が、若い時と年を重ねた時では変わります。「判断」「記憶」「移動」の一つ一つを、以下で見ていきましょう。

まずは「判断」ですが、**高齢になると、これまでの経験や感情により判断しやすくなることがわかっています。**[1)]

物を買う時は単純に価格だけでなく、性能も比較しなければいけません。掃除機１個買うにしても「価格」「省エネ」「音」「吸引力」「大きさ」「ブランド」など、検討対象としては非常に多くの要素があります。

高齢者は12ポイント以上の文字でないと見にくいです。けれどもメーカーのパンフレットは字が小さすぎて読むのがつらいです。

また**選択肢が多くなることで、むしろ選び出しにくくなることがわかっています。**[2)] 候補が３種類だけでしたら選びやすいですが、24種類もあったら選ぶのが大変です。

一方で、これまでの経験に合わせて買えば、少なくとも大失敗はしませんから、高齢者は今まで愛用したもの、ないしそれに近いものを買いがちです。また、候補がそんなになく、少しでも必要性を感じれば買ってしまうこともあります。これが結果として、高いのに買ってしまうことにつながります。

周囲は「高いのになんで？」と思うかもしれませんが、あなたも例えばシャンプーにしても本当に安いものを買っているでしょうか？　プライベートブランドで同じものが、安く売っているかもしれません。いつも行かないドラッグストアやネットショップなどのほうが安いかもしれません。それを全部チェックしても、結局は10円得するかどうかならば、安全で普段通りのシャンプーを買っておけばラクですし、大失敗はしません。プライベートブランドで同じシャンプーだと思って買ったら、「ニオイが違ってすごく不快で頭が臭く感じるし、髪の毛がキシキシしてきた……」となったら大損ですよね。

なぜスーパーの店頭では、ティッシュの大安売りをしているのか？

次に「記憶」です。年を取ると、記憶力が低下します。**特に数字、それと最近の記憶までもが低下する**のです。中でも毎日触れていない商品、例えば**醤油などたまに買うものに関しては、価格の記憶が難しくなります。**そのため、高い商品でも平気で買ってしまうのです。

一方で本人がいつも気にしている商品であると、広告を見比べてちゃんと安い時に買い物します。例えば「ティッシュは５箱で198円は高い。セールの時は168円だから待とう」となります。

ですから高齢になっても、いつも気にする商品の記憶はしっかりしています。そこを知っていてスーパーなどは、ティッシュ・トイレットペーパーなどみんなが値段を覚えているものを大幅値下げし、店頭で派手に並べてお店に入ってもらうようにしているのです。一方でみんなが値段も覚えていないカツオのたたきなどを、ちょっと高くして儲《もう》けています。

最後は「移動」。移動が困難になることも、高齢者の買い物に関係します。

足が悪くなる、息切れがするので長い距離移動できない、尿漏《にょうも》れが気になるので遠くに行きたくないなどで、移動が困難となります。また、免許を返納したために買い物はタクシーでないと行けないという高齢者もいます。これらのことが相まって、高齢者は買い物の回数を減らしていることがわかっています。3)

すぐに疲れるので、買い物の時間も限られます。よく高齢者を見ると、買い物の途中でシルバーカーに腰かけて休んでいます。買い物も一苦労なのです。**限られた時間で限られた回数の中で買い物をするために、値段より体力の消耗の低さや安心を選びます。**また、若者が新しさ・安さを好むのに比べ、高齢者はブランドや品質を重視します。

例えば掃除機を買いに行った時、一度家に帰ってじっくり吟味して価格比較サイトで調べてから考えよう、とかしないわけです。商品のタグに「最安値保証商品」と書いてあれば、安心してしまいます。実際に最安値ではないのに、高い店で商品を買うことだってあるのです。高額な商品であっても、店員を頼りに商品を選ぶ特性があります。[4]

店員に選ばせたら騙《だま》されるのでは？と思うかもしれませんが、そこはあまり考えず店員さんを信頼して商品を選んでいるのです。

人間は生きた年数が多いほど、他人を信じやすくなる

では高齢者の方がお金を使いすぎているかというと、そうでもありません。総務省の全国消費実態調査によれば、50代をピークに、**60代、70代と年齢が上がるごとに月あたりのお金の消費量は減ることがわかっています。**[5]

単身男性でみると、40歳未満は月あたりの支出が16万円ですが、70歳以上は14万7千円と減っています。女性の場合も40歳未満は17万円ですが、70歳以上は15万4千円と減っているのです。

内訳は、携帯電話などの通信費は少なくなります。持ち家の方も多いので、住居費は70歳以上のほうが少ないです。その分、友だちとの付き合い、大きいものを買うという費用が増えているのです。ですから家賃や携帯電話代の分が、家電や旅行など他の支出にスライドしていることになります。

高い商品を買ってしまうより悲しい出来事としては、詐欺に引っかかってしまうことです。「オレオレ詐欺」は有名になりましたが、今ではオレオレ詐欺とは呼ばないで「振り込め詐欺」や「劇場型詐欺」といって、詐欺も進化しています。**高齢者は自分で調べるより人に聞く、よくいえば人を信じることができる、悪くいえば騙《だま》されやすいので、標的にされます。騙される時の額も大きい。若い人なら騙されても平均131万円ですが、高齢者だと平均で396万円**です。[6]平均ということは、もっと上がたくさんいるわけです。

ではなぜ、高齢者は騙されやすいのでしょうか？　一つは**ポジティブバイアスといって、高齢者のほうが将来起きる悪いことを考えず物事のいい面を見がちであることが関係している**といわれています。例えば、「掃除機は買ったけれども、もしかして壊れた時は保証とかしっかりしているのかな?」とか「もっといい商品があるかもしれないから、この商品を買ったら後悔するかも」とは考えにくいのです。

ポジティブバイアスは、残された人生の長さを考えると自然に起きてくることです。もしあなたの余命が1年だったら、掃除機をもっといい商品があるかもと時間をかけて選ぶでしょうか? 「ちょっと高いかもしれないけれど、この掃除機でいいや」となりませんか? 私だったら掃除機に迷う時間がもったいないのでさっさと決めて、自分の好きな本を読んだり、人と話したりなど大切なことに時間を回します。

詐欺師から見れば、高齢者はいいカモになっています。

ですから**高齢者のことは、高齢者自身よりも詐欺師のほうが勉強していて詳しいです。**高齢者がどうやったほうが話を聞いてくれるのか、視覚がどう見えにくいのかも熟知しています。詐欺師にとって都合がいいことは聞こえやすい声や見やすい文字を使い、都合が悪いことは聞こえにくい声や読みにくい字を使うのです。

また、高齢者への接し方も研究しているので、家族や一般の店員より「いい人」に見えてしまいます。

実際にある所で、質のよくない高額商品を売りつけようとする人が、高齢者に話しているのを見たことがあります。物腰柔らかく話しており、高齢者に聞きやすい声の出し方、見せ方を完璧にこなしていました。

売りつけた後はおさらばする、移動式の悪徳業者も

高齢者向けの詐欺を**商品・サービス別に見ると、健康関連商品、住宅工事が多い**です。**健康は高齢者にとって共通の悩みごとで、そこにつけ込んできます。**これは、外来の患者さんに実際にあった話です。

患者さん「電気を足からかけると全身がすべてよくなるっていう機械を、１２０万円で買ったんですよ」

私「ずいぶん高いですよね。どうでした？」

患者さん「私、糖尿病も緑内障もあるでしょ。治ると思って買ったの。でもちっともよくならないの」

私「そうでしたか」

となり、診察に移ろうとしたら、話に続きがありました。

「文句を言いに行ったの。そしたら前のバージョンのもので効果が出なかったから次は315万円のものがあります。こちらの商品なら効きますって言われたの、どう思います？」と言われたのです。私は次のように答えました。「それはやめておいて、ちゃんと治療を進めましょうよ。血糖値を下げるほうが大切ですし、目薬いつも忘れてるからちゃんとさしましょう」。

訪問販売では、メガネ屋さんに行き慣れていない高齢者を狙う業者があります。車で移動して高齢者にメガネを売りつけます。そもそもメガネをかけていなかった高齢者は「よく見える！」と喜んでかけます。

でも、そのメガネの度数がひどい。強すぎて長くかけられなかったり、遠くしか見えない設定であったりで、普段ずっと使うなんてとうていできない。そのメガネをかけることで、頭痛がひどくなったという人もいました。それなのに値段は通常の倍以上で、10万円をゆうに超えていたりします。

しかし、**文句を言ったり返金したりしたくても、移動式なので連絡はもうとれません。**

住宅ですと高齢者は持ち家も多いのですが、**悪徳業者は築年数が経って傷んできたことを口**

実に、「シロアリがいるから駆除したほうがいい」「このままだと家が壊れる」などと脅してくるわけです。

ある高齢者は「家の建てつけが悪いから、ドアを変えたほうがいい」ということで、ドアを変えてもらいました。けれどもそのドアに変えたせいで、むしろ建てつけが悪くなり、ドアは開け閉めできなくなりました。それを言うと「開けっ放しにしておいたほうがいい」と言われて、工事代を37万円請求されたというのです。

高齢者も実はアダルトサイトをよく観ている

ただ、こういった話をしてくれる高齢の患者さんは、私に相談はしてくれるものの、家族には言っていないというのです。

家族にはそのことを相談しにくいのです。大きなお金を騙し取られたことがバレると怒られるのではないか、心配をかけてしまわないかと思って、黙ってしまいます。そこで周囲の人たちは「詐欺に引っかからないように」と注意するのはもちろん、**「何かあったら、怒ったりしないから、真実を語ってほしい」と伝えておいたほうがいい**です。

それでも家族に言えないものの代表例としては、先進的なネット詐欺があります。

ネット詐欺の第1位といえば、何を思い浮かべるでしょうか？　**アダルトサイト詐欺**です。高齢だと性的なことには興味がないとついつい思ってしまいがちですが、そんなことはありません。ちなみに、消費者センターの「消費者トラブル110番」に寄せられた高齢者の相談では、1位がアダルトサイト、2位がパソコンサポート、3位が医療サービスでした。7）

「サイトを見たから90万円払え」と画面に表示されると、「家族にバレるよりいいか」と払ってしまいます。また、こういった画面にはよく連絡先が載せてあるのですが、そこに電話するとさらに深みにはまり、「実際にウチのサイトを見ているのはわかっている。携帯番号もわかっているからお金を払え」と脅されてしまいます。

出会い系サイトで、女性と知り合えると思ってお金をつぎ込んでしまうこともあります。こういった被害はもちろん男性が多いのですが、女性でも騙されてしまうことがあるのです。しかし**家族には相談できないので、穏便に済ませようとお金を払ってしまいます。**

実際にあった詐欺師の行動が『老人喰い』（鈴木大介／筑摩書房）という書籍で詳細に書かれています。詐欺師たちは泊まり込みで研修を受けて、話し方などをしっかり学ぶということです。シニア向けのビジネス誌を読んで、心理や動向も勉強しています。シニアに向けて健全なビジネスをする一般企業こそ見習いたいくらい、詐欺師たちは熱心に勉強をして行動に移しています。

誰でも簡単に騙せるくらいのプロフェッショナル集団に来られては、認知症でなくてもいとも簡単に口説き落とされてしまいます。**高齢者が詐欺に引っかかりやすいのは、認知症だけが原因ではない**のです。

詐欺に遭ってしまった後にしたい行動としては、**消費者センターに相談するという方法があることをぜひ知っておきましょう。電話で「188」とプッシュすれば、**消費者センターにつながります。子どもから「何かあったら私に言って！」と言われていても、「アダルトサイトの詐欺に引っかかった」とは言いづらいですよね。そんな時こそ、消費者センターの出番です。

詐欺は引っかからないように注意することも大切ですが、「自分はそう簡単に引っかからない」とタカをくくらず、準備しておくことも必要です。

合言葉を使うのが一つですが、合言葉を忘れてしまうこともあります。

国民生活センターの調べによりますと、2015年度の70歳以上の消費者被害として最も多いのは電話勧誘販売です。そこで、電話勧誘への対策に限りますが、お勧めしたいのは、**留守番電話にしておいて、かかってきたら必要な場合だけかけなおすという方法**です。

---- 老化の正体【その12】

↓買うことが少ない商品のほうが、財布のひもが緩くなる。

↓選択肢が少ないほうが買ってしまう。

↓値段よりも、手間のかからなさと安心感で選んでしまう。

↓自分で調べるよりも、信頼した人から言われた情報を鵜呑みにする。

⬇ポジティブバイアスである。

⬇買い物を、これまでの経験や感情で判断してしまう。

⬇老人よりも老人に詳しい詐欺師の格好の餌食である。

⬇健康関連商品と住宅工事で、よく詐欺に遭う。

⬇アダルトサイトが大好きで、高額請求されやすい。

⬇移動販売に騙されて、クレームも果たせない。

⬇高額商品を買ってしまうのは認知症というよりも、「判断」「記憶」「移動」の全部が関係している。

◎周りの人がしがちな間違い

・認知症じゃなければ変な買い物はしないと安心する

◎周りの人がすべき正しい行動

・何か気になることがあったり、高い買い物をしたりする場合には、必ず連絡するように伝える

◎自分がこうならないために

・電話を留守番モードにして、必要な用件だけかけなおす

・自分も詐欺に引っかかりやすい人物だと思っておく

・買う前に家族に相談する

◎自分がこうなったら

・消費者センターに相談する

・家族に相談する

「悪い病気じゃないのか……？」と思うくらい食べない。

Mさんの義母は健康に一応気を使っているのでしょうか。肉よりも野菜を選んで食べているようです。いつも肉を残してしまい、子どもたちが嬉しそうにもらっています。

また、Mさんの義母は、Mさんの料理をほとんど食べてくれません。

Mさん「お口に合いませんか？」

義母「そんなことはないんだけどね」

そう言っても、ちょっと口にしただけで箸を置いてしまいます。

そこでMさんは「お母様の料理の味付け、教えてくださいよ」と言うと、義母は「いいわよ。例えば、肉じゃがの場合はね……」と、丁寧に教えてくれます。Mさんは義母に嫌われているわけではなさそうです。しかし、早速その通りに味付けして肉じゃがをつくっても、少ししか食べてくれませんでした。

腹八分目がよいとは、よくいわれます。とはいえ、義母の食べ方は腹三分目にも満たない感じです。最初は小食も健康志向でやっていることかな？と思っていたのですが、そんなことでもなさそうです。

不安が的中したのか、数日後、義母は病院で貧血を指摘されたそうです。「全体的に栄養不足だから、もっとしっかりと食べたほうがいいですね」とも注意された様子です。

野菜中心の小食は、健康志向のむしろ真逆だった

食事を野菜中心にしている高齢者は多いです。若い人は脂っこいものばかり食べるので、高齢者のほうがかなり健康的に見えます。

また、高齢者の食事は少量になりがちです。ドカ食いする若者が多いことを考えますと、これも健康的な感じがします。

中には健康への意識が非常に高くて、野菜ばかり食べる高齢者もいます。しかし多くの高齢者は、**後ろ向きの理由で**このような食事をしてしまっているのです。

ではなぜ、高齢者は先のような食生活をしてしまっているのでしょうか。理由は大きく三つあります。

一つ目の理由は、肉や繊維質のものを好まなくなること。野菜を積極的に選ぶというよりも、肉や繊維質を避けているのです。顎や歯が弱るため、肉や繊維質のものが嚙みにくいから、という事情があります。1) また、口を開けた時のサイズは小さくなり、口の開け閉めのスピードは落ちてくるため、食べるのに時間がかかって疲れてしまうという背景もあります。2)

二つ目の理由は、食べてすぐに満腹を感じてしまうこと。

高齢者は、満腹中枢がうまく機能しません。3) コレシストキニンという満腹ホルモンが空腹時も多いので、満腹なのかそうでないかもよくわからなくなります。4) そのため志村けんさんのお笑いネタのように、さっき食べたばかりなのに「お昼ご飯はまだかいね？」と言ってしまうこともあります。

三つ目の理由は、小分けにして食べる癖がつくため、食事の量が減ること。

小分けにしても総量は変わらないから問題ないのでは、と思いませんか？　しかし、小さく盛られていると、結果的に摂取する量が減ることが、研究により明らかになっているのです。5)

人間は無意識に、小分けにされているものでもそれを見ると、十分に量があると判断してしまうからです。つまり「満腹だ」というのは、胃や血液だけではなく、目からの情報でも決まってしまうのです。

目からの情報である視覚のことでいえば、視覚・嗅覚・味覚の衰えによって美味しくなくて食べないということもあります。

高齢者に「痩せたね」は、恐怖を植え付ける言葉

小食は痩《や》せすぎを招きます。

若い頃は「スリムだときれいだしかっこいい」と思うので、「体が細いですね」「痩せたね」と言うのは誉め言葉です。しかし、特に70歳を超えると「痩せたね」と言うのは禁句です。

外来で、「私って痩せました？」と聞いてくる高齢の女性がいました。「そんな急に痩せたようには見えないですが」と答えると、ちょっとホッとした表情でした。聞いてみると、病院で

職員に「痩せましたね」と言われたというのです。仲がよく、顔を合わせることが多い職員に言われたこともあり、「アタシ、そんなに痩せたの？　悪い病気かしら……!?」と思って、毎日体重が気になってしまったそうです。

「痩せましたね」と言った職員に聞いてみると、「誉め言葉のつもりで言ったんです」とのこと。悪気は一切なくても、高齢者にしてみると「痩せた」というのは「ガンかも」「命の危険があるのでは」と真剣に悩ませてしまいます。

40～70歳ですと「痩せすぎ」は6％で、「肥満」が26％なので肥満のほうが問題になることが多いです。けれども年を追うごとに痩せてきて、「痩せすぎ」の人は80歳以上で11％、85歳以上は15％と増えていきます。[6] つまり「痩せた」というのは、「年を取ってやせ衰えた」という意味にもなるので禁句なのです。

しかも**高齢になると、体重を元に戻す力が弱くなります。痩せたら痩せたまま**になってしまうのです。

ちなみにその逆、つまり、太ったら太ったままにもなりやすいです。正月太りになってしまうように、突然たくさん食べたとしましょう。若い頃ですと、体重は自然に元に戻りやすいです。体が勝手に反応して、代謝という普段使うエネルギー量を増やすからです。しかし年を取ると、体の反応が悪くなるので、太ったままになってしまうのです。

普段使わない調味料を、まずは一つ用意しよう

小食を防ぐ解決策は、いくつかありますのでご紹介します。

満腹をすぐに感じることについては、固形物でのほうが強く出やすいことがわかっています。[7]そもそも固形物のほうがお腹にたまりやすく、スープやシチューなど液状のものの場合はあまりお腹にたまらず食べた気がしないなと感じるのは、年齢に関係なく起きる現象ですよね。

そこで高齢になったら、液状のものを上手に利用しましょう。とはいっても全メニューをスープ類にするのはやりすぎですし、顎の力がどんどん弱くなりますし、いろんなものを食べたほうが食事は楽しく栄養バランスがよくなるので、**汁物を一品は入れておくくらいで十分で**す。

調味料で味に変化をつけることも、より食を進めやすくするには効果アリです。高齢になる

と、どうしても単調な食事が多くなるものです。新しい料理をつくったり、慣れない店に行って新しい食材を買ったりする機会も減ります。新しい食材を渡してあげるのもよいのですが、どう使っていいかわからずそのまま腐らせてしまうこともあるため、なかなか大変です。

一方で、**調味料であれば保存がききますし、場所をそれほどとりません。**スパイスはコショウや七味唐辛子ではなくガラムマサラ、醤油は丸大豆醤油ではなくナンプラー、さらにミントなどを渡して使ってもらうのです。その気になってくれれば、新しい調味料に合わせて、新しい料理に挑戦することも起きてきます。

1人で食べる「孤食」が社会問題化していますが、1人で食べるほうが食事量は減ります。**誰かと食事をするのも、食を進ませるには効果的**です。他の人と食事をしているほうが、30%多く摂取できることがわかっています。8)

親が1人暮らししている場合は、周囲がたまには食事に誘うといいです。ビデオ通話で会話をしながらの食事という方法もあります。また家族の写真を食卓に飾っておくだけでも効果的であることがわかっています。9)

歯ブラシを月に1本変えることが、食事を美味しくする

料理の際には、栄養素も大切です。どの栄養素も大事ですが、先ほど味のお話をしたので、ここでは亜鉛を挙げておきます。**亜鉛は不足すると、味覚がおかしくなる**のです。
また**亜鉛は、血液にも大事な成分**です。貧血防止には鉄分がよく挙げられますが、亜鉛も忘れずに摂っておきましょう。高齢者が貧血になると、普段からフラフラしてしまうのはもちろんのこと、出血の多い手術が受けられなくなるので致命的となります。

美味しくしっかり食べるということでは、口腔《こうくう》ケア（口の中のケア）も大事です。特に、歯周病予防を忘れずに。
歯周病予防で誰でもすぐにできる対策としては、**歯ブラシは最低でも月に1本変える**ことです。歯ブラシは長く使っていくと、毛先が開いてしまって使いにくくなりますし、雑菌だらけになります。歯ブラシの状態が悪いと、歯垢の除去率は6割近くにまで減ってしまうともいわれています。

――老化の正体【その13】

↓肉は疲れるから食べない。

↓ちょっと胃袋に入れただけで、満腹を感じてしまう。

↓基礎代謝が落ちるので、食事はそれほどいらなくなる。

↓「痩せたね」と言われても喜ばず、重病にかかったのでは？と怖くなる。

↓いったん痩せたら痩せたまま、太ったら太ったままになる。

◎周りの人がしがちな間違い

- 「痩せたね」「体が細いですね」と褒める
- 「野菜中心で小食なんて健康的だね」と楽観的に思う

◎周りの人がすべき正しい行動

- 「痩せたね」とは言わない
- 一緒に食事をする
- 普段あまり使わない調味料を渡す

◎自分がこうならないために

- 歯ブラシは最低でも月に１本変えるなどで、口腔ケアを怠らない
- 亜鉛を摂る

◎自分がこうなったら

- 汁物を一品は入れておく

老人のよくある困った行動【その14】

命の危険を感じるほどむせる。痰を吐いてばかりいる。

Nさんのお父さんは普段からよくむせます。昔からタバコをよく吸っていたので肺も悪く、痰もよく吐いていました。友だちの前や外でもむせるし痰を吐くので、「やめてよ、我慢して!」とNさんは注意していました。Nさんのお父さんは少しは気をつけているみたいですが、しばらくするとまたはじめてしまいます。そんな調子で、毎日イライラして過ごしていました。

ある日、Nさんのお父さんは食事をしていました。大好物の刺身を口にするとむせはじめたので、「だから我慢してよ~」と言うと、お父さんはどうにか我慢しようとします。すると突然倒れるように体がくずれ落ちたのです。見ると呼吸もしていません……。びっくりしました。お母さんも慌てふためいて、「救急車、救急車!」と叫び電話を手に取ります。

「お父さん、お父さん」と言いながら体を揺らすと、意識を取り戻したようですが、救急車で病院に搬送することになりました。

肺に空気以外のものが入りやすくなる

病棟で高齢の患者さんと話していると、患者さんが突然むせて顔が真っ赤になって苦しそうになったことがあります。しばらくするとすっと戻り、「大丈夫ですか？」と言うと、「ちょっとむせただけですよ」と答えるのです。

最初の頃はびっくりしていましたが、多くの高齢者とお話しする中でよくある光景ですから、今は冷静に対応できるようになりました。高齢になると、頻繁にむせるのです。

人間が口から入れたものは、食道を通って胃に行きます。空気の場合だけ、気管を通って肺に流れるようになっています。これは自動的に判別しています。

しかし、**判別が年齢によりうまくいかなくなってきます。**[1]**すると本来は空気が通るべき道である気管に、食べ物や飲み物やつばが流れ、肺に向かってしまうのです（P190の図5）。そのままだと肺炎になってしまうため、むせて吐き出そうとします。**

筋力がしっかりある若い頃は、むせるほどではなく咳を1、2回すれば食べ物などが排出されて正しいほうに流れていきます。けれども年を重ねると、押し出す力も弱くなるのです。[2]

図5　口、食道、気管の構造

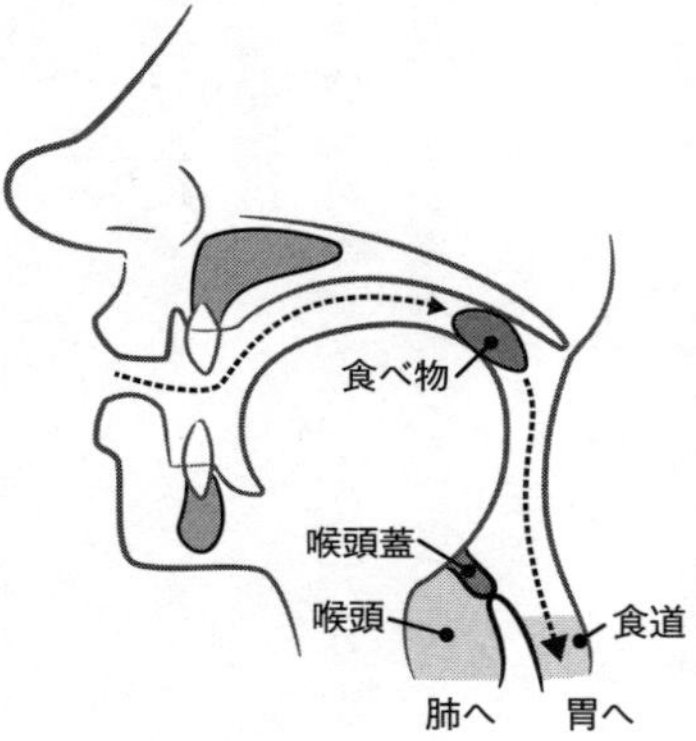

痰が多くなるのも、むせることと関係しています。本当は食道のほうに行くべきだった食べ物が肺のほうに行くと、炎症を起こして痰の原因となってしまいます。痰は汚いし吐かないほうがいいと思うかもしれませんが、痰を出すというのは大切なことなのです。高齢者が痰をうまく出せずに肺に入りっぱなしだと、肺炎を起こしてしまいます。痰や食べ物が肺に入ってしまって肺炎になることを誤嚥性肺炎《ごえんせいはいえん》といいます。

誤嚥性肺炎では、昨日まで元気だった人が突然肺炎になって生死の境をさまよってしまうこともあるのですが、こうなると本人も家族もびっくりします。だからむしろ**痰が出そうな時は、「汚いからやめて」と言うのではなくて「手伝ってあげる」ほうがいい**

のです。

でも「自分も、自分の家族も大丈夫だろう」と思っていないでしょうか。

１人の高齢者の話をします。その高齢者は高血圧で飲み薬を飲んでいることはありますが、体が弱いということはありません。目が白内障になり、白内障手術で入院をしていました。手術は無事に終わり、眼帯をして晩ご飯を食べていました。すると急にむせてしまい、呼吸ができなくなったのです。

意識を失って、命の危険が出てきました。幸い現場にいた医師が対応してくれて一命をとりとめました。何らかの障害が残る可能性がありましたが、処置が早かったこともあり最終的には特に障害が残らなくて済みました。

極めて普通で健康的に見える人でさえ、こんなことが起きるのです。この事例では、病院内のため近くにすぐ対処できる人と設備がそろっていたから、一命をとりとめました。病院以外で起きていたらと思うとぞっとします。

喉を詰まらせたら、とにかく背中を叩く!

もし家族が急に喉を詰まらせてしまった場合は、どういう対処をしたらいいのでしょうか? 年を取ると痰も出にくくなってしまいますから、対処法を知っておきましょう。

二つ方法があります。**一つは、とにかく背中を叩く「タッピング」という方法**です(P193の図6)。[3] 背中を叩いて、詰まったものを出すのです。

もう一つは、「ハイムリック法」といって抱えながら胸を押して詰まったものを出す方法です。ハイムリック法のほうが効果は高いのですが、うまくできないと内臓の損傷リスクがあります。自信がない場合は、タッピングで構いません。

一番よくないのは、何をしたらいいのかわからないからと、呆然と立ち尽くしてしまって何もしないことです。

「掃除機で吸い出してよくなった」という話を聞いたことがあるかもしれません。でも、失敗して逆に押し込んでしまったり、口の中を傷つけてしまったりすることもあるので、避けましょう。

では、背中はどうやって叩けばいいのでしょうか? まずは、むせた人を横向きか軽く前か

図6　タッピング

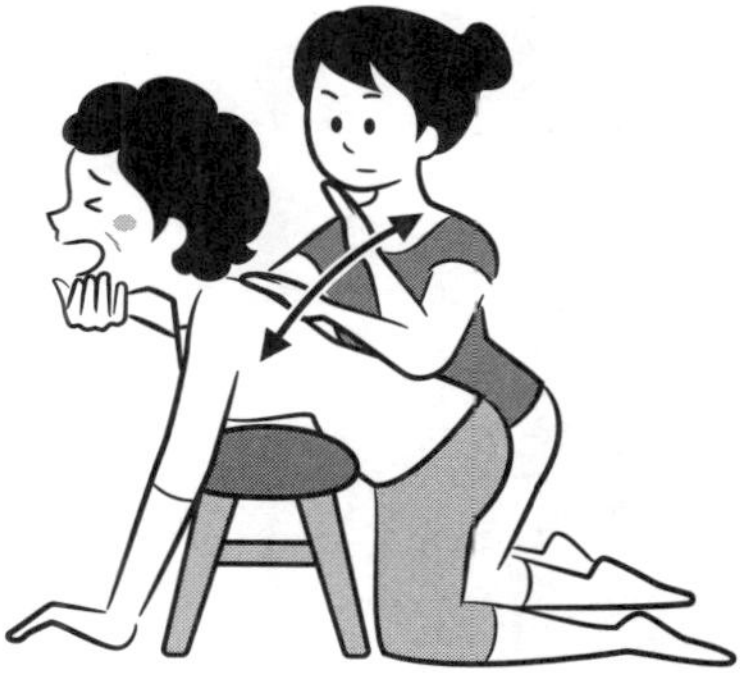

がみにさせます。そのほうが出やすいからです。そして肩甲骨と肩甲骨の間を叩くのです。適当でもなんでもいいです。正しい叩き方がわからないと立ち止まらずに、救急車を呼ぶのはもちろん、とにかく背中を叩いて出してあげましょう。

呼吸筋を鍛え、口を潤しておこう

高齢者が自分で痰を出しやすくする方法もあります。ぜひ知っておきましょう。まずは、**「ハッハッハッ」と声を出さずに勢いよく息を吐き出す「ハフィング」をします（P195の図7）。すると、痰が一気に押し上がってきます。**[4] **次に、3回ほど咳をすれば、痰がスムーズに出てきます。**

今、どのくらいむせないようにする力があるでしょうか？　それを調べる方法があります。30秒間つばを飲み込んでください。若い人ですと平均7・4回、高齢でも5・9回できます。けれども、つばを2回しか飲み込めなかった場合は、むせない力は弱いということです。[5]

そこで、トレーニングをして鍛えておく必要があります。[6] 一つは舌を鍛える方法です。「舌を上顎にしっかりと押し付けて力を入れ、3秒経ったら力を抜く」というのを10回行います。朝・昼・晩と行います。

また、普段から呼吸状態をよくするために深呼吸や呼吸筋のトレーニングをしておくことも効果的です。呼吸筋とは、呼吸にかかわる肺の周りなどにある筋肉のことで、ここを鍛えることで呼吸がラクになります。

呼吸筋トレーニングはとても簡単。鼻から空気を3秒間吸って、口から6秒間吐くだけです。ろうそくを消すように吐くというのがポイントです。全体に向けて吐いてしまうのではなく、ターゲットに向けて吐くことになります。口がすぼまるので、肺周りの筋肉に圧力がかかるのを感じることができます。

むせないようにするためには、口が乾かないようにすることも大切です。口が乾いてしまう

図7　ハフィング

「ハッハッハッ」と声を出さずに息を出す。

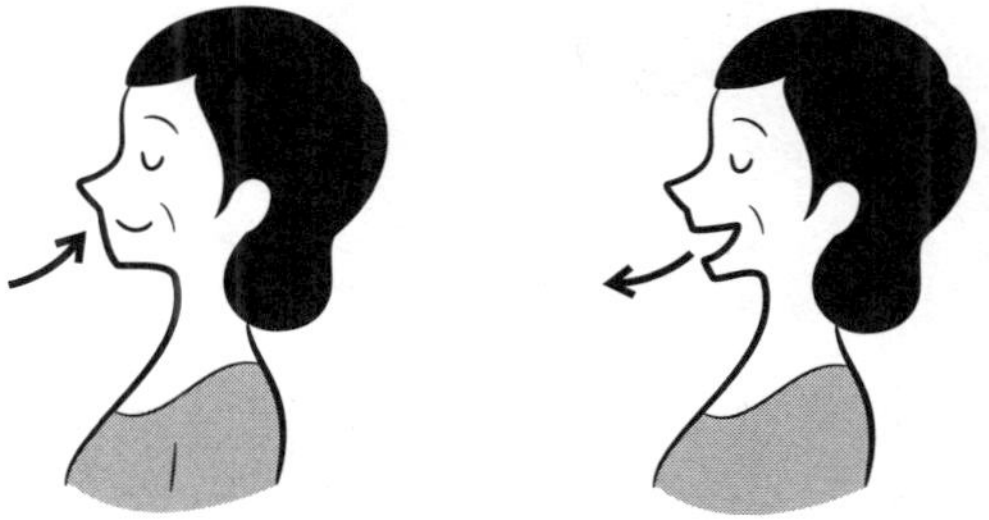

①鼻から息を吸いましょう。　②強く速く吐き出します。

と、痰もからみやすくなってしまうからです。普段から口の中の湿度を保つために、**水分を摂ったり、飴をなめたりするといいです。**ただし水分といっても、砂糖が多い甘い飲み物は、唾液が減って口の中が乾くドライマウスになりやすいので、控えましょう。[7]

　高齢者はイカやタコの刺身が好きな方も多いでしょうが、こういった噛み切りにくいものを食べるのも危険です。食べたい時は、**喉につっかえないように小さく刻んでおく**のが大事です。

老化の正体【その14】

↓気管に食べ物やつばが流れ込みやすくなるので、すぐにむせる。

↓食べ物と空気を判別する機能が、弱っている。

◎周りの人がしがちな間違い

- むせや痰を我慢させる
- 高齢者が喉を詰まらせた際に、何もしないで放置する

◎周りの人がすべき正しい行動

- 高齢者が喉を詰まらせたら、タッピングやハイムリック法を施す
- 痰を出しやすくするために手伝う

◎自分がこうならないために

- 痰を出しやすくする方法であるハフィングなどを知っておく
- 飴をなめる
- 水分をよく摂る
- 舌を鍛える
- 呼吸筋トレーニングを行う
- 喉を詰まらせやすい食べ物は、小さく刻んでおく

◎自分がこうなったら

- むせたり痰を出したりを我慢せずに行う。ただし、極力人目が少ない場所で行うようにする
- 痰を出しやすい呼吸や咳をする

その時間はまだ夜じゃないの？　というほど早起き。

Oさんのお母さんは、まだ外が真っ暗な朝4時ぐらいに起きます。働きに出ているわけでもなく、何か特別なことはしていないのに、すごく早起きです。ただ、昼は眠そうにしていることもあるので、朝そんなに早く起きなけりゃいいのに、とOさんは内心思っていました。しばらくすると、寝た後にしょっちゅう起きてしまいますし、その後に寝てくれないことが続きます。「眠れないわ」がお母さんの口癖になりました。

次第にお母さんの調子が悪くなり、認知症の疑いがあるということで病院にかかることに。薬が出て飲みはじめましたが、症状は徐々に悪くなっていきます。

そして認知症はさらに進行してしまい、夜は全くといっていいほど寝なくなりました。昼間に寝て夜は起きるという生活です。夜にはトイレの世話などがあるため、Oさんは寝る暇もなくなってしまいました。

親を殺してしまう事件の背景にある主な出来事

高齢になると早寝早起きになります。[1] ただ、それだけだと思って放置すると、夜中に起きたり昼夜逆転してしまったりすることがあり、本人も家族も、肉体的にも精神的にも参ってしまいます。

睡眠が悪いと認知症にもなりやすいのです。[2] そして**認知症になった場合は、夜中に起きてお世話をする必要が出てきます。**介護ヘルパーさんなどに依頼する時も、お昼に仕事に来てくれる人はたくさんいても夜はなかなか来てくれません。となると、ずっと寝ないで世話をしなければいけません。1時間毎、2時間毎に1回は起きてトイレのサポートをする、となるとつらいものです。

赤ちゃんを育てたことがある方ならわかると思いますが、昼夜問わずまとまって眠れないというのは、肉体的な苦痛だけではなくて心が折れそうになります。

赤ちゃんの場合は、いつか終わります。成長して睡眠の時間帯が定まってくるからです。いつか終わることを待ち焦がれることは、我が子の成長を祈ることでもあり喜ばしいことです。

一方、高齢者の睡眠が改善されるということはあまりなく、今後何年続くかもわかりません。そしてそれが終わる日を夢見ることは、高齢者が亡くなることを待ち焦がれることに実際はなっており、一瞬でもそう思ってしまった自分を責めてしまいます。

高齢者を介護していたある方は「生きているのがつらい」と言っていました。特に睡眠がとれないということは深刻です。殺人事件にまで発展してしまうことは、時折ニュースにもなります。まだまだ大丈夫と思わずに、早くから睡眠のリズムを整えておくことが必要です。

物音、寒さや暑さ、かゆみ、痛み、おしっこの全部と戦っている

ではどうすればいいのでしょうか？　高齢者の睡眠を観察すると、**寝つきが悪いわけではありません。**実際に、年齢にかかわらず入眠するまでの時間は変わらないというデータがあるくらいです。[3]

問題は、寝ていても起きてしまうのが多いこと。睡眠が浅いために起きてきます。**ちょっとしたことでも起きてしまう原因としては、物音、寒さや暑さ、かゆみ、痛み、おしっこがあります。**

まず、ちょっとした物音で起きます。あなたが夜に起きて水を飲みに行っただけで、高齢者が起きてしまうことがあるのです。夜中でも家族が行きやすい場所としては洗面所、トイレ、台所などがありますが、こういった場所と**高齢者の寝る部屋は近くにしない**などの工夫が必要です。

寒さや暑さも、起きてしまう原因になります。例えば冬に暖房をかけておいた部屋で眠ろうとするも、暖房のつけっぱなしは体に悪いからと止めてから寝ます。でも、暖房を止めると夜中の部屋はかなり冷え込みます。若い頃はそのまま朝まで寝ますが、高齢者は寒さで目が覚めてしまうのです。夏の場合は、暖房ではなく冷房となって同じことが起きます。

そこで、エアコンの調整が必要となります。**寝る時にすぐに消さず、タイマーを使ってもいいのでしばらくつけておく、でも直接風が当たらないようにする、温度設定は緩やかな数値にするなど、工夫が必要**です。4)

夜はかゆくもなります。寝る時は体が温まるので、昼間よりかゆみが増すのです。まして何か集中して本を読んだりテレビを観たりしているわけでもないので、かゆみに神経が集中してしまいます。そのため、夜寝ている間にぼりぼりと掻いてしまいます。

予防法としては、**ダニを除去するために布団やベッドに掃除機をこまめにかける**のも大切です。だから高齢者には、布団用クリーナーが売れています。

高齢になるとかゆみが増す原因としては、皮膚が乾燥することが関係します。そこで、保湿が大事となります。**寝床の乾燥を防ぐために加湿器を置くか、濡れタオルをかけておくという配慮をするとかゆみが減ります。**

寝具の生地選びも重要です。レーヨンやポリエステルは皮膚への刺激が強く、かゆみを感じやすいです。**木綿（混成）やガーゼなどの生地がいい**です。皮膚に刺激がないものを選びましょう。

意外に忘れられているのが痛みです。**腰、膝、関節、背中などの痛みで起きてしまう**のです。けれども昼間になると痛みがさほどではないので、治療を受ける機会を逃してしまいます。

おしっこも夜起きてしまう原因になります。特に高齢になるとおしっこが近くなるので「夜おしっこに起きるのは当たり前だ」と思っている人もいます。でもこれは当たり前ではなく、寝る前に酒や水を多く飲んでしまうのが原因なのです。

とはいっても水を飲むのを我慢すると、喉が渇くし、水分が少ないと脳梗塞などの原因にもなって困ります。若い頃は寝る２時間ぐらい前までは水分を摂っても大丈夫ですが、高齢者は４時間ぐらい前まででないと尿意を感じてしまうので、**４時間前までを目安にする**のが一つの解決策です。その後は控え目にしましょう。

また、足のむくみがある人や血流が悪い人は、足にたまっている水分が横になっておしっこに行きたくなってしまうことがあります。就寝前には一度横になって、ゆっくりとストレッチをしてみるというのもよい方法です。すると、足にたまった水分が全身を巡り、寝る前にトイレに行っておけます。

あまりにもトイレで起きてしまう場合は、**水を飲むよりも口を湿らせる程度としておくのも試してみましょう。**夜間に３回以上おしっこで起きてしまう場合は、一度病院で相談したほうがいいです。

意外に知られていませんが、**認知症の薬の副作用でも眠くなったり眠りにくくなったりします。**

眠くないのに寝ようとすると、かえって目が覚めてくる

「眠らなきゃ」と必死になっては、余計眠れません。眠れなくても焦ることはありません。「寝る時間・起きる時間を毎日一緒にしなければいけない」「睡眠時間は8時間とらないと健康に悪い」と思いがちですが、70歳以上の睡眠時間は平均6時間。8時間寝なきゃと思って早く床に就くのは正しくありません。

ただしそれは、昼間に眠くならない場合に限ります。昼間に眠くなる方は、睡眠が足りていません。そのためには、起きる時間をそろえておくことです。

一方で**全然眠くない時は、無理に寝床に入らなくても大丈夫。むしろ寝床に早く入って眠ろうとすると、かえって睡眠がとりにくくなってしまいます。**[5] **寝床は眠くなったら入るというようにするのがいいです。**

途中で起きてしまって**再度眠れなくなった時は、焦らず本でも読むかラジオを聞いてゆっくりしましょう。**スマホやテレビはよくないです。

昼に眠くなって昼寝をしたい場合は、**昼寝は15時までに30分以内にとどめておきましょう。**そうしないと睡眠が深くなったりしますので、夜眠れなくなって昼夜逆転がはじまってしまい

ます。

光は睡眠の味方にもなれば、敵になることもある

睡眠に最も大切なのは光です。人間は朝・夜というのは光によって理解しています。そのため、**寝る前や夜中に起きてしまった時にスマホを見ると、強い光を眺めてしまうことになるので「今は朝かな？」と脳が勘違いします。深く眠れなくなる**のです。

一方で**朝や昼は、光を浴びるのはよいこと**です。朝日を浴びることで、今日1日を過ごす準備が体内で整います。そうするとメラトニンという睡眠のホルモンがバランスよく分泌されて、**夜に深く睡眠ができるようになる**のです。6）

特に現代生活は、光にあふれています。夜になっていても照明で明るい生活ができます。夜中にテレビやスマホを見ることもできます。けれどもそれは、脳に朝と昼を勘違いさせてしまう原因になるので避けましょう。

寝る時の照明でも「明るくして寝ないと怖い」という人がいます。あまり明るいと睡眠の質が悪くなって寝ても寝た気がしません。また豆電球などを使う時も、顔に光が直接当たらない

ように間接照明を効果的に利用したほうがいいです。

テアニンという物質が睡眠にいいといわれています。テアニンとはお茶に含まれている成分です。よく日本茶を飲むとほっこりと落ち着くということがあります。テアニンは、目に対しても効果的という研究もあります。7)

とはいってもお茶ですと、カフェインという目が覚めてしまう成分も入っています。そこで、**麦茶をお勧めします**。麦茶であればカフェインはなくてテアニンが入っているので、安心です。

老化の正体【その15】

⬇寝つきはいいけど、途中で起きてしまいやすい。

⬇物音、寒さや暑さ、かゆみ、痛み、おしっこで簡単に起きてしまう。

⬇睡眠が悪いので、認知症になりやすい。

◎周囲がしがちな間違い

- 夜中にトイレの世話をするのが嫌で、それが終わる日を夢見る

◎周囲の人がすべき正しい行動

- 家族が出入りしやすい場所と高齢者が寝る部屋を近くにしない

◎自分がこうならないために

- 就寝時にアイマスクを使う
- 寝室を明るくしない。照明が必要でも、自分に直射しないようにする
- 寝る前の飲酒は控える
- 麦茶を飲む
- 朝日をしっかりと浴びる

・昼寝は15時までで、30分以内にとどめる
・エアコンの設定を調整する
・ダニを除去するために、布団やベッドに掃除機をこまめにかける
・寝室に加湿器を置く、濡れタオルをかけるなどで湿度をキープする
・水分摂取は寝る4時間前までにする
・寝る前に水分を摂りたい場合は、口を湿らせる程度にしておく

◎自分がこうなったら

・眠くない時は、無理に寝床に入らない。読書したりラジオを聞いたりで、リラックスして過ごす
・寝る前も、起きてしまった時も、スマホやテレビは避ける

老人のよくある困った行動【その16】

そんなに出るの？と不思議に思うくらいトイレが異常に近い。

Ｐさんはお母さんと久しぶりに、洋服を買いにデパートに出かけることとなりました。

Ｐさん「ねえ、これどう思う？」

と振り向くといません。

母「ごめんごめん、トイレ行ってて」

次は母の洋服を見に行きます。

Ｐさん「これに合いそうなんだけど……、あれ？」

母「ごめんごめん、トイレ行ってて」

そして喫茶店に入って注文しようとしたら、

母「ちょっとトイレ行ってくるね」

と立ち上がってしまいました。喉渇いたんだけど……、と困り果てるPさんでした。

高齢者は1時間以上じっとさせてはならない

高齢者が外に出たがらないのは、おしっこが近いからという理由があります。尿を濃縮するホルモンが低下してしまうのです。[1] すると尿が薄くなるので、悪い成分を体の外に出すために尿の量が増加してしまいます。

また、おしっこをためておく**膀胱《ぼうこう》が硬くなることも関係します。**膀胱の伸縮性が弱まるため、膀胱にあまりためておくことができなくなり、少しでもおしっこがたまるとすぐにトイレに行きたくなります。

さらに男性の場合は、前立腺肥大によって尿が通る尿道が圧迫されるため、排尿に時間がかかったり、残尿感が出てしまったりすることでトイレが近くなります。女性については、元から尿道が短く筋肉が弱いために我慢が苦手です。我慢できるのは60分、頑張っても90分が限度のようです。

私は講演会を様々な地方でやらせていただいております。特に高齢の女性がよく来てくださいます。講演会に来るというだけあって積極的なのですが、そういう人でも90分の講演会ですと後半30分ぐらいで何人かトイレに立つ人がいます。60分程度ですと大丈夫なことが多いです。ある場所で「高齢者向けに2時間の講演をしてください」と言われました。しかし、年齢が上の人向けの講演であることから「2時間は厳しいのでは？　1時間ごと2回にするほうがいいと思います」とお伝えしました。

トイレに行けば行くほど、トイレは近くなってしまう

対策としては、**コーヒーやお茶などでカフェインを摂りすぎないようにする**ことです。特に寝ている時にトイレで起きてしまうことが多い場合は、気をつけましょう。

また、緊張するとトイレに行きたくなります。「これからトイレに行けないから」と思うと、逆にトイレに行きたくなってしまうものです。ですからいつでも行けるという気持ちで過ごすほうが、結果としてトイレにあまり行かないで済みます。

あとは、**「こまめにトイレに行くこと」と思いがちですが、これは逆効果**です。[2]こまめにトイレに行くと、ちょっとおしっこがたまっただけでトイレに行くという癖がついてしまうからです。**多少は我慢することで訓練するほうがよいことがわかっています。**

図8　骨盤底筋のトレーニング

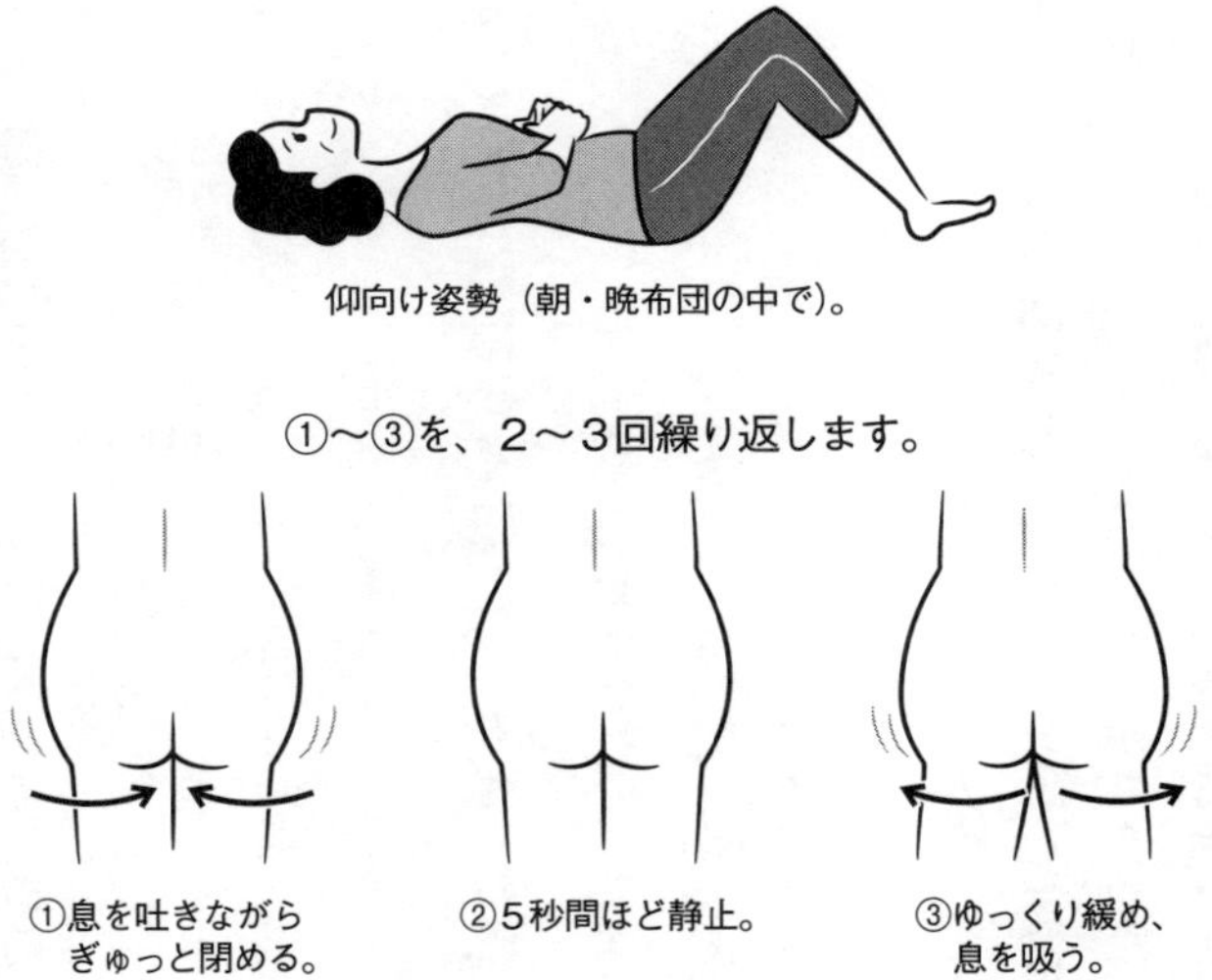

仰向け姿勢（朝・晩布団の中で）。
①〜③を、2〜3回繰り返します。
①息を吐きながら
ぎゅっと閉める。
②5秒間ほど静止。
③ゆっくり緩め、
息を吸う。

骨盤底筋という体の中の筋肉が、おしっこを我慢するのには必要な筋肉です。これが緩むと、笑うだけでおしっこが出てしまうというように、ちょっとしたことで漏れやすくなります。そこで、**骨盤底筋のトレーニングをしましょう（図8）。**[3]

トレーニング方法ですが、まずは仰向けになって膝を軽く曲げます。息を吐きながら睾丸《こうがん》や膣《ちつ》・肛門《こうもん》に力を入れるのを5秒、そして力を抜いて息を吸うのを5秒します。次は四つん這いになって息を吐きながら睾丸や膣・肛門に力を入れるのを5秒、そして力を抜いて息を吸うのを5秒します。体の外側ではなく、内側に力を入れるのを意識してください。
こうすることで**尿だけではなく、便の漏れも少なくなります。**年を重ねると、便の問題も生じやすくなるのでお勧めです。

食物繊維も摂り方を間違えると便秘を招く

次に、高齢者の便の事情もお伝えします。**高齢者は便漏れをすることがあるのですが、便秘にもなりやすい**です。

便秘の原因としては、食事量が減ることや運動量が減ることで、腸の動きが悪くなることが関係しています。

若い人でも同じです。入院すると普段より食事の量が減ることが多いせいか、「毎日快便だったのに、入院してから便が出ない」という人が多いのです。**なるべく動いて食事を摂ることが、快便の秘訣**です。便がしっかり出ないと、おならも臭くなります。

便の状態をよくするには、**食物繊維と油分を摂ることも大切**です。

食物繊維というと同じものをどんどん食べてしまいがちですが、食物繊維には水溶性の食物繊維と不溶性の食物繊維があります。どちらも摂取しないと、便秘が余計ひどくなってしまいます。

不溶性食物繊維は有名です。きのこや野菜に含まれますが、これによって腸が刺激され、便がしっかりと体積を維持できるのです。

水溶性の食物繊維は、海藻類やネバネバした食べ物に含まれます。腸内細菌のエサとなることにより、腸内細菌の動きが活発になりますから、腸内での食べたものの流れがよくなります。**多くの人は不溶性食物繊維ばかりを摂りがちですが、水溶性食物繊維が豊富な海藻類なども食べましょう。**

私が前から気になっていたのは、映画の上映方法です。映画は2時間近いものが多いのですが、高齢者が途中でトイレに行かずに最後まで観るのは大変かと思います。1時間に1回はトイレ休憩を入れたほうがいいと思うのです。

海外では映画を途中で止めて、トイレ休憩を入れる劇場もあります。合間に食べ物や飲み物も売れるので、映画館にとっても嬉しいようです。

日本は１時間ぐらいのテレビドラマで途中にＣＭを何回か入れていますから、映画もトイレ休憩を入れて上映できるといいと思います。

老化の正体【その16】

↓外出したがらないのは、おしっこが我慢できないから。

↓おしっこを我慢できるのは１時間。長くても90分。

↓尿を濃縮する力も、膀胱の力も弱くなっている。

↓男性は前立腺肥大により、さらに我慢する力が弱まっている。

↓便漏れ、便秘もしやすい。

◎周囲がしがちな間違い

- 外出したがらないのに、しつこく誘う
- 映画館や遊園地など、長時間じっとするような場所を選ぼうとする

◎周囲の人がすべき正しい行動

- 外出に誘うのなら、1時間以上じっとしないで済む場所を選ぶ

◎自分がこうならないために

- 骨盤底筋を鍛える
- なるべく動いて食事をしっかり摂る
- 食物繊維と油分を摂る
- 食物繊維は、不溶性と水溶性の両方を摂る

◎**自分がこうなったら**

・コーヒーやお茶などでカフェインを摂りすぎないようにする
・こまめにトイレに行かないようにする
・トイレを無理のない範囲で我慢する訓練をする

おわりに

本書は、高齢者の家族として、あるいは高齢者と仕事でかかわる人、さらには自分が高齢であったり高齢になることが心配な人に向けて書きました。

一方で、日本がもっと高齢者に優しい社会になってほしいとも思って書きました。「お客様第一主義」と書いてあるけど、大きな甲高い声で店員が話しかけているお店。「市民のために」と書いてあるけど、掲示板や書類の文字は小さく見えにくくなっている役所。そういうものがあると悲しくなります。

もちろん、こういった現場の人たちにも悪気はなく、むしろ一生懸命に親切に高齢者に接していますので、自分の間違いに気づかないのです。私も昔は、そんなふうに空回りしていました。「老化の正体」を知らないことで起きていることばかりなのです。

私は右利きなのですが、手術がうまくなりたくて、しばらく左利きの生活をしていました。左手で箸を持ち、左手でものをつかんだりしていました。すると、駅の自動改札で切符を入れるのも入れにくい。左利きでも使いやすい改札はないものか、と思いました。普段使っているハサミも非常に使いにくい。ただ、ハサミは左利き用が売られていますので、ハサミは左利きでも困らないことがわかりました。食事をしても、いつも右利き前提で箸を置かれる。ラーメン屋さんでも隣の人と肘が当たりそうになる。など、多くの経験をしました。

左利きというだけで、これだけ不便を感じました。ということは、高齢者になると不便に感じることがもっと多いだろうと思い、ぞっとしたのです。

「老化の正体」を知ることができれば、もっと読みやすい書類をつくるように各社がなるでしょう。料理の味付けも考えてくれるでしょう。このように社会がもっと高齢者に優しくなり、今の若い人たちが高齢者になった時はもっと優しい社会に進化しているはずです。

日本は世界で最も高齢化している国です。それをピンチと捉える人と、チャンスと捉える人がいます。

ピンチ派には、高齢者を悪く言う人がいます。「老害（企業や団体で、中心人物が高齢化しても実権を握り続け、若返りしていない状態）」という言葉を執拗《しつよう》に使って、高齢者を差別するのです。正直私は、この考え方は嫌いです。私自身、高齢者が好きだからかもしれません。

現状をチャンスと捉えて新しい日本をつくれば、世界に先駆けた高齢者に優しい国となり、世界中から注目されて他の国々も高齢者が暮らしやすい社会となるはずですし、そうなってほしいと思っています。

とはいっても、いきなり日本社会、ましてや世界は変わりません。

ホスピスやハンセン病のための施設などをつくり、イスラエルとパレスチナの武力衝突を一時休止させたマザー・テレサ。彼女はノーベル平和賞を受賞し、インタビューで「世界平和のために私たちはどうしたらいいですか？」と聞かれこう答えました。「家に帰って家族を愛してあげてください」。

この格言に私たちも見習い、まずは家族など身近な人たちを愛し、幸せになるように行動することが第一歩です。

本書を読んで少しでも役立つことがありましたら、ご自身・ご家族・周りの人・仕事の現場で使って、高齢者が過ごしやすい世界にしていただければと思います。

平松類

参考文献

●老人のよくある困った行動【その1】 1）内田育恵ら：全国高齢難聴者推計と10年後の年齢別難聴発症率：老化に関する長期縦断疫学研究より　日本老年医学会雑誌　2012;49(2):222-227／2）立木孝ら：日本人聴力の加齢変化の研究　Audiology Japan 2002;45(3):241-250／3）Hearing Loss due to recreational exposure to loud sounds　A review. World Health Organization.／4）和田哲郎ら：職業騒音と騒音性難聴の実態について　特に従業員数50人未満の小規模事業所における騒音の現状と難聴の実態調査　Audiology Japan 2008;51(1):83-89／5）Anderson S et al: Reversal of age-related neural timing delays with training. Proc Natl Acad Sci USA. 2013;110(11):4357-4362（雑音がある状況下での聞こえ方が改善したという結果です。）／図1）立木孝ら：日本人聴力の加齢変化の研究　Audiology Japan 2002;45(3):241-250より改変

●老人のよくある困った行動【その2】 1）下田雄丈：老年者における聴覚の研究　日本耳鼻咽喉科学会会報　1995;98(9):1426-1439／2）Cervellera G et al:Audiologic findings in presbycusis. J Auditory Res 1982;22(3):161-171／3）青木雅彦：騒音・低周波対策の基礎と事例　紙パ技協誌　2016;70(12):1239-1243／4）Choi YH et al:Antioxidant vitamins and magnesium and the risk of hearing loss in the US general population. Am J Clin Nutr 2014;99(1):148-155／5）厚生労働省　日本人の食事摂取の基準（２０１５年版）の概要／6）文部科学省　日本食品標準成分表２０１５年版（七訂）／7）山下裕司ら：感覚器の老化と抗加齢医学―聴覚―　日本耳鼻咽喉科学会会報　2016;119(6):840-845／8）Lin FR et al:Hearing loss and cognition in the Baltimore Longitudinal Study of Aging. Neuropsychology 2011;25(6):763-770（男性の場合のデータ）／9）Michikawa T et al:Gender specific associations of vision and hearing impairments with adverse health outcomes in older Japanese ;a population -based cohort study. BMC Geriatr 2009;22(9):50／10）Amieva H et al:Self-Reported Hearing Loss, Hearing Aids, and Cognitive Decline in Elderly Adults: A 25-Year Study. J Am Geriatr Soc 2015 ;63(10):2099 2104／11）一般社団法人日本補聴器工業会　Japan trak 2015 調査報告書　2015／12）長井今日子ら：当院補聴器外来における老人性難聴に対する補聴器適合の現況　Auditology Japan 2016;59(2):141-150

●老人のよくある困った行動【その3】 1）石原治：老年心理学の最前線（6）高齢者の記憶　老年精神医学雑誌　2015;26(6):689-695／2）Rubin DC et al:Things learned in early adulthood are remembered best. Memory&cognition 1998;26(1):3-19.／3）Shlangman S et al：A content analysis of involuntary autobiographical memories: examining the positivity effect in old age. Memory 2006;14(2):161-175／4）佐藤眞一ら：よくわかる高齢者心理学　ミネルヴァ書房

●Column 1）小原喜隆：科学的根拠に基づく白内障診療ガイドラインの策定に関する研究　2002／2）立木孝ら：日本人聴力の加齢変化の研究　Audiology Japan 2002;45(3):241-250／3）Schubert CR et al: Olfactory impairment in an adult population: the Beaver Dam Offspring Study. Chem Senses 2012;37(4):325-334／4）冨田寛：味覚障害の疫学と臨床像　日本医師会雑誌　2014;142(12):2617-2622／5）内田幸子ら：高齢者の皮膚における温度感受性の部位差　日本家政学会誌　2007;58(9):579-587／6）吉村典子ら：疫学　ロコモティブシンドロームのすべて　日本医師会雑誌　2015;144(1):S34-38／7）佐藤眞一ら：よくわかる高齢者心理学　ミネルヴァ書房／8）成清卓二：高齢者の腎機能とその評価（閉塞性腎障害も含めて）　日本内科学会雑誌　1993;82(11):1776-1779／9）名田晃ら：総合的心機能指標　TEI Index の加齢による変化：とくに両心室間の相違　Journal of cardiology 2007;49(6): 337-344／10）福田健：肺の加齢による変化　Dokkyo journal of medical sciences 2008;35(3):219-226

●老人のよくある困った行動【その4】 1）齋藤静：高齢期における生きがいと適応に関する研究　現代社会文化研究　2008;(41):63-75／2）Wegner　DM et al:Chronic thought suppression. J Pers 1994;62(4):616-640.／3）増谷順子ら：軽度・中等度認知症高齢者に対する園芸活動プログラムの有効性の検討　人間・植物関係学会雑誌　2013;13(1):1-7／4）Manor O et al:Mortality after spousal loss: are there socio-demographic differences? Soc Sci Med 2003 56(2):405-413.／5）日本精神神経学会　日常臨床における自殺予防の手引き　平成25年3月版／6）NIH consensus conference：Diagnosis and treatment of depression in late life. JAMA 1992;268(8):1018-1024.／7）Cole MG et al: Prognosis of depression in elderly community and primary care populations: a systematic review and meta-analysis. Am J Psychiatry　1999 ;156(8):1182-1189.

●老人のよくある困った行動【その5】 1）Hoffman HJ et al: Age-related changes in the prevalence of smell/taste problems among the United States adult population. Results of the 1994 disability supplement to the National Health Interview Survey (NHIS).Ann N Y Acad Sci 1998;855:716-722／2）Cohen LP et al :Salt Taste Recognition in a Heart Failure Cohort. J Card Fail 2017 ;23(7):538-544.／3）福永暁子ら：マウス有郭乳頭における味細胞特異的タンパク質の発現および分裂細胞の動態のライフステージによる変化　日本味と匂学会誌　2003;10(3):635-638／4）愛場庸雅：薬剤と味覚・臭覚障害　日本医師会雑誌　2014;142(12):2631-2634／5）Schiffman SS:Taste and smell losses in normal aging and disease . JAMA 1997 ;278(16):1357-1362（諸説あり）／6）厚生労働省　平成27年国民健康・栄養調査／7）近藤健二：嗅覚・味覚　耳鼻咽喉科・頭頸部外科　2012;84(8):552-558／8）織田佐知子ら：照明の種類が食物のおいしさに与える影響　実践女子大学生活科学部紀要　2011;48:13-18／9）永易あゆ子ら：料理と盛り付け皿の色彩の組み合わせが視覚に及ぼす影響　白内障模擬体験眼鏡

による検討　日本調理科学会大会研究発表要旨集　2012;24:55 ／10）厚生労働省　健康日本21（第二次）分析評価事業　主な健康指標の経年変化　栄養摂取状況調査　亜鉛摂取量の平均値・標準偏差の年次推移／11）冨田寛：味覚障害の疫学と臨床像　日本医師会雑誌　2014;142 (12):2617-2622／12）文部科学省　日本食品標準成分表２０１５年版（七訂）／13）厚生労働省　日本人の食事摂取基準（２０１５年版）／14）尾木千恵美ら：女子大生における塩味に対する味覚感覚　東海女子短期大学紀要　1994;20:43-55／15）Murphy WM:The effect of complete dentures upon taste perception. Br Dent J 1971;130(5):201-205／16）Kapur KK et al:Effect of denture base thermal conductivity on gustatory response. J Prosthet Dent 1981;46(6):603-609／17）Kawahara H et al:Trial Application of integrated metal mesh for denture base. Dental Materials Journal 1986;5(1):73-82／18）川上滋央ら：図解で学ぶ―日常臨床に役立つQ&A〝加齢と味覚〟の真実第3回口蓋感覚と義歯について　Quintessence 2013;32(3):0510-0513

●老人のよくある困った行動【その6】　1）Honjo I et al: Laryngoscopic and voice characteristics of aged persons. Arch Otolaryngol 1980;106(3):149-150／2）Trinite B:Epidemiology of Voice Disorders in Latvian School Teachers. J Voice 2017 ;31(4):508e1-508e9／3）Johns-Fielder H et al:The prevalence of voice disorders in 911 emergency telecommunicators. J Voice 2015;29(3):389.e1-10.／4）田村龍太郎ら：脳血管疾患患者の最大発声持続時間についての検討―空気力学的検査法を指標として―　日本理学療法学術大会　2011／5）岩城忍ら：加齢による音声障害に対する音声治療の効果　日本気管食道科学会会報 2014;65(1):1-8／6）Fujimaki Y etal: Independent exercise for glottal incompetence to improve vocal problems and prevent aspiration pneumonia in the elderly: A randomized controlled trial. Clin Rehabil 2017;31(8):1049-1056.／7）白石君男ら：日本語における会話音声の音圧レベル測定　Audiology Japan 2010;53(3):199-207（1mと耳元の比較データ）

●老人のよくある困った行動【その7】　1）綿森淑子：コミュニケーション能力の障害と痴呆　総合リハビリテーション　1990:18(2);107-112／2）Baltes PB et al:Lifespan psychology: theory and application to intellectual functioning. Annu Rev Psychol 1999;50:471-507.／3）松田実：アルツハイマー型認知症の言語症状の多様性　高次脳機能研究　2015;35(3):312-324／4）Ames DJ:The bimodality of healthy aging How do the differing profiles of healthy controls compare to patients with mild cognitive impairment? Alzheimer's Dementia 2009 :5(4); 375-376／5）Snowdon DA：Linguistic ability in early life and cognitive function and Alzheimer's disease in late life. Findings from the Nun Study. JAMA 1996 21;275(7):528-532.／6）Verghese J et al: Leisure activities and the risk of dementia in the elderly.N Engl J Med 2003;348(25):2508-2516.／7）Andel R et al:Complexity of work and risk of Alzheimer's disease: a population-based study of Swedish twins. J Gerontol Psychol Sci Soc Sci 2005;60(5):P251-258.／8）Wilson RS etal:Life-span cognitive activity, neuropathologic burden, and cognitive aging. Neurology 2013;81(4):314-321.／9）Eggenberger P et al:Multicomponent physical exercise with simultaneous cognitive training to enhance dual-task walking of older adults: a secondary analysis of a 6-month randomized controlled trial with 1-year follow-up. Clin Interv Aging 2015 ;28(10):1711-1732.

●老人のよくある困った行動【その8】　1）村田啓介ら：歩行者青信号の残り時間表示方式の導入に伴う横断挙動分析　国際交通安全学会誌　2007;31(4):348-355（点滅時は走る又は戻る）／2）東京都健康長寿医療センター研究所、東京大学高齢社会総合研究機構、ミシガン大学：中高年者の健康と生活　No4 2014　／3）田中ひかるら：高齢者の歩行運動における振子モデルのエネルギー変換効率　体力科学　2003;52(5):621-630／4）石橋英明：ロコモティブシンドロームのすべて　ロコトレ　日本医師会雑誌　2015;144(1):S12／5）上原毅ら：シルバーカーを使用している高齢者の身体機能について　日本理学療法学術大会　2006;2005(0)E0993／6）厚生労働省「厚生統計要覧（平成28年度）」／7）西本浩之ら：眼瞼下垂手術における Goldmann 視野計による視野評価とその有用性　眼科手術　2009;22(2):221-224／8）加茂純子ら：英国の運転免許の視野基準をそのまま日本に取り入れることができるか?：眼瞼挙上術と視野の関係から推察　あたらしい眼科 2008;25(6):891-894／9）小手川泰枝ら：眼瞼下垂における Margin Reflex Distance と上方視野と瞳孔との関係　あたらしい眼科　2011;28(2):257-260／10）警察庁：平成27年中の交通死亡事故の発生状況及び道路交通法違反取締り状況について

●老人のよくある困った行動【その9】　1）Bollen CM et al:Halitosis the multidisciplinary approach. Int J Oral Sci 2012;4(2):55-63.／2）Quandt SA et al:Dry mouth and dietary quality among older adults in north Carolina. J Am Geriatr Soc 2011;59(3):439-445.／3）厚生労働省　平成17年歯科疾患実態調査結果について／4）Outhouse Tl et al: Tongue scraping for treating halitosis. Cochrane Database Syst Rev 2016 26;(5):CD005519.／5）塚本末廣ら：唾液腺マッサージと嚥下体操が嚥下機能に与える影響　障害者歯科　2006;27(3):502／6）Munch R et al:Deodorization of garlic breath volatiles by food and food components. J Food Sci 2014;79(4):C526-533／7）Lodhia P et al:Effect of green tea on volatile sulfur compounds in mouth air. J Nutr Sci Vitaminol 2008;54(1):89-94.／8）Walti A et al:The effect of a chewing-intensive, high-fiber diet on oral halitosis: A clinical controlled study. Swiss Dent J 2016;126(9):782-795.／9）Dou W et al: Halitosis and helicobacter pylori infection: A meta-analysis. Medicine 2016 Sep;95(39):e4223

●老人のよくある困った行動【その10】　1）Anderson S et al: Reversal of age-related neural timing delays with training. Proc Natl Acad Sci USA 2013;110(11):4357-4362／2）翁長博ら：騒音・残響音場における高齢者の最適聴取レベルに関する検討　日本建築学会環境系論文集　2009;74(642): 923-929／3）廣田栄子ら：高齢者の語音識別における雑音下の周波数情報

の処理　Audiology Japan 2004;47 (5):285-286／4）佐藤正美：老年期の感覚機能・聴覚　老年精神医学雑誌　1998;9(7):771-774／5）長尾哲男ら：老人性難聴者の聞こえ方の理解と対応方法の調査　長崎大学医学部保健学科紀要　2003;16(2):121-126／6）小渕千絵ら：単語識別における韻律利用に関する検討　Audiology Japan 2013;56(3):212-217／7）岡本康秀：補聴器で脳を鍛える―聴覚トレーニング　耳鼻咽喉科・頭頸部外科　2015;87(4):318-323／8）山岨達也：感覚器領域の機能評価と加齢変化に対するサプリメントの効果　Food style 21 2015;9(11):48-51

●老人のよくある困った行動【その11】　1）独立行政法人国民生活センター　医療機関ネットワーク事業からみた家庭内事故―高齢者編―　平成25年3月28日／2）独立行政法人国民生活センター　滑る、つまずく、高齢者の骨折事故　１９９６年10月24日／3）厚生労働省　平成28年　国民生活基礎調査の概況　Ⅳ介護の状況／4）橋詰謙ら：立位保持能力の加齢変化　日本老年医学会雑誌　1986;23(1):85-92／5）中村耕三：ロコモティブシンドローム（運動器症候群）　日本老年医学会雑誌　2012;49(4):393-401／6）張冰潔ら：日常視時における瞳孔径の年齢変化　神経眼科　2008;25(2):266-270／7）権未智ら：高齢者に対する視認性の優れた階段の配色：転倒事故の予防を目指して　デザイン学研究　2009;56(3):99-108／8）骨粗鬆症の予防と治療ガイドライン２０１５年版　骨粗鬆症の予防と治療ガイドライン作成委員会／9）厚生労働省　日本人の食事摂取基準（２０１５年版）の概要

●老人のよくある困った行動【その12】　1）Lockenhoff CE et al: Aging, emotion, and health-related decision strategies: motivational manipulations can reduce age differences. Psychol Aging 2007 ;22(1):134-146／2）シーナ・アイエンガー　選択の科学　文藝春秋／3）樋野公宏：買物不便が高齢者の食生活に与える影響とその対策：板橋地域における高齢者買物行動調査の結果分析　日本建築学会計画系論文集　2002;67(556):235-239／4）鎌田昌子ら：高齢者の買い物行動・態度に関する検討（1）：若年層との比較　生活科学研究　2012;34:15-26／5）総務省統計局　平成26年全国消費実態調査　平成27年9月30日／6）消費者庁　平成28年版消費者白書／7）独立行政法人国民生活センター「60歳以上の消費者トラブル１１０番」　平成28年11月2日

●老人のよくある困った行動【その13】　1）中村光男：高齢者の消化吸収能と栄養評価　日本高齢消化器病学会議会誌　2001;3:1-4／2）Karlsson S et al : Characteristics of mandibular masticatory movement in young and elderly dentate subjects. J Dent Res 1990;69(2):473-476／3）Roberts SB et al:Nutrition and aging: changes in the regulation of energy metabolism with aging. Physiol Rev 2006;86(2):651-667.／4）MacIntosh CG et al:Effect of exogenous cholecystokinin (CCK)-8 on food intake and plasma CCK, leptin, and insulin concentrations in older and young adults: evidence for increased CCK activity as a cause of the anorexia of aging. J Clin Endocrinol Metab 2001;86(12):5830-5837／5）Wanskink B et al:Bad popcorn in big buckets: portion size can influence intake as much as taste. J Nutr Educ Behav 2005;37(5):242-245.／6）厚生労働省　平成27年国民健康・栄養調査　第2部　身体状況調査の結果／7）Wilson MM et al:Effect of liquid dietary supplements on energy intake in the elderly. Am J Clin Nutr 2002;75(5):944-947.／8）De Castro JM et al:Spontaneous meal patterns of humans: influence of the presence of other people. Am J Clin Nutr 1989;50(2):234-247.／9）Nakata R et al:The "social" facilitation of eating without the presence of others: Self-reflection on eating makes food taste better and people eat more. Physiol Behav 2017 19;179:23-29.

●老人のよくある困った行動【その14】　1）兵頭政光ら：嚥下のメカニズムと加齢変化　日本リハビリテーション医学会誌　2008;45(11):715-719／2）垣内優芳ら：中高齢者の随意的咳嗽力に関連する因子　日本呼吸ケア・リハビリテーション学会誌　2015;25(2):272-275／3）千住秀明ら：慢性閉塞性肺疾患（ＣＯＰＤ）理学療法診療ガイドライン　理学療法学　2016;43(1):64-66／4）田村幸嗣ら：2週間のハフィングトレーニングが呼吸機能に及ぼす効果について　日本理学療法学術大会 2011／5）小口和代ら：機能的嚥下障害スクリーニングテスト「反復唾液嚥下テスト」(the Repetitive Saliva Swallowing Test: RSST) の検討（1）正常値の検討　日本リハビリテーション医学会誌　2000;37(6):375-382／6）若林秀隆：高齢者の摂食嚥下サポート　新興医学出版社／7）Quandt SA et al:Dry mouth and dietary quality in older adults in north Carolina. J Am Geriatr Soc 2011;59(3):439-445

●老人のよくある困った行動【その15】　1）三島和夫：高齢者の睡眠と睡眠障害　保健医療科学　2015;64(1):27-32／2）井上雄一：認知症と睡眠障害　認知神経科学　2015;17(1):26-31／3）三島和夫：老化を考える（10）加齢、うつ病、そして睡眠と生体リズムの関係について　生体の科学　2012;63(2):140-148／4）亀ヶ谷佳純ら：夏期の寝室温熱環境が高齢者と若齢者の終夜睡眠に与える影響　空気調和・衛生工学会近畿支部　学術研究発表会論文集　2013;42:169-172／5）小西円ら：床上時間や消灯時間が施設入所高齢者の夜間睡眠に与える影響　愛媛県立医療技術大学紀要　2015;12(1):47-50／6）Emens JS et al:Effect of Light and Melatonin and Other Melatonin Receptor Agonists on Human Circadian Physiology. Sleep Med Clin 2015;10(4):435-457／7）平松類ら：テアニン投与による高酸素負荷ラット網膜血管新生への影響　日本眼科学会雑誌　2008;112(8):669-673

●老人のよくある困った行動【その16】　1）日本老年医学会：老年医学系統講義テキスト　西村書店／2）岡村菊夫ら：高齢者尿失禁ガイドライン／3）福井圀彦・前田眞治：老人のリハビリテーション　第8版　医学書院

著者略歴

平松 類（ひらまつ・るい）

医師／医学博士。

愛知県田原市生まれ。昭和大学医学部卒業。

現在、昭和大学兼任講師、彩の国東大宮メディカルセンター眼科部長、三友堂病院非常勤医師・眼科専門医・緑内障手術機器トラベクトーム指導医として勤務している。

のべ10万人以上の老人と接してきており、老人が多い眼科医として勤務してきたことから、老人の症状や悩みに精通している。

医療コミュニケーションの研究にも従事し、シニア世代の新しい生き方を提唱する新老人の会の会員でもある。

専門知識がなくてもわかる歯切れのよい解説が好評で、連日メディアの出演が絶えない。NHK『あさイチ』、TBSテレビ『ジョブチューン』、フジテレビ『バイキング』、テレビ朝日『林修の今でしょ！講座』、TBSラジオ『生島ヒロシのおはよう一直線』、『読売新聞』、『日本経済新聞』、『毎日新聞』、『週刊文春』、『週刊現代』、『文藝春秋』、『女性セブン』などでコメント・出演・執筆等を行う。

※本書籍は加齢変化について書いています。症状がある場合は主治医にご相談ください。

SB新書　403

老人の取扱説明書

2017年９月15日　初版第1刷発行

著　者　平松《ひらまつ》 類《るい》

発行者　小川 淳

発行所　SBクリエイティブ株式会社
〒106-0032　東京都港区六本木2-4-5
電話：03-5549-1201（営業部）

装　幀　長坂勇司（nagasaka design）

イラスト　フクイヒロシ

本文デザイン・DTP　荒木香樹

校　正　豊福実和子

協　力　おかのきんや

編集担当　杉浦博道

印刷・製本　大日本印刷株式会社

落丁本、乱丁本は小社営業部にてお取り替えいたします。定価はカバーに記載されております。本書の内容に関するご質問等は、小社学芸書籍編集部まで必ず書面にてご連絡いただきますようお願いいたします。

ISBN978-4-7973-9244-9